人与自然和谐共生的乡村绿色振兴研究

袁春剑 ◎ 著

中国纺织出版社有限公司

内 容 提 要

乡村振兴建设是国家十分注重的乡村发展战略，随着近年来社会与自然环境的变化，人们越来越注重对绿色环境的追求，越来越注重人与自然的和谐共生，在此背景下，乡村绿色振兴研究成为当前乡村建设发展需要认真思考的问题。通过对国内外相关研究的详细梳理，笔者结合当前我国乡村绿色振兴的发展状况，对乡村绿色振兴进行具体研究。本书主要分为三大部分：第一部分对生态文明理论与乡村振兴理论进行了分析，第二部分论述了乡村绿色产业的发展，第三部分则对乡村生态环境建设的相关内容进行了分析。

图书在版编目（CIP）数据

人与自然和谐共生的乡村绿色振兴研究 / 袁春剑著. -- 北京：中国纺织出版社有限公司，2023.8
ISBN 978-7-5229-1011-6

Ⅰ.①人… Ⅱ.①袁… Ⅲ.①农村－社会主义建设－研究－中国 Ⅳ.① F320.3

中国国家版本馆 CIP 数据核字 (2023) 第 175343 号

责任编辑：刘 茸　　责任校对：王蕙莹　　责任印制：王艳丽

中国纺织出版社有限公司出版发行
地址：北京市朝阳区百子湾东里 A407 号楼　邮政编码：100124
销售电话：010—67004422　传真：010—87155801
http://www.c-textilep.com
中国纺织出版社天猫旗舰店
官方微博 http://www.weibo.com/2119887771
三河市宏盛印务有限公司印刷　各地新华书店经销
2023 年 8 月第 1 版第 1 次印刷
开本：787×1092　1/16　印张：12.5
字数：202 千字　定价：88.00 元

凡购本书，如有缺页、倒页、脱页，由本社图书营销中心调换

前　言

　　步入新时代，我国社会发生了深刻的变化，物质水平的提升催生了人们在各方面的新需求。其中，生态环境作为与日常生活息息相关的要素，对人们的生活质量产生直接影响，加强生态文明建设已成为我国现阶段的重要任务。在生态文明建设中，广大乡村地区是需要关注的重点，在当前乡村振兴战略日益推进的背景下，需要更加注重生态环境保护和乡村绿色振兴，走出一条绿色发展道路，实现人与自然和谐共生，推动美丽中国建设。

　　贯彻实施乡村振兴战略是实现全面建成小康社会发展目标的关键所在。"绿水青山就是金山银山"理念以及生态文明建设的核心内涵，决定了我国乡村振兴必须走绿色发展道路，在人与自然和谐相处的过程中改善乡村生态环境，提高人们生活水平。此外，乡村绿色振兴还需要人们树立绿色发展意识，只有广大乡村居民发自内心地认同绿色发展道路，才能将之践行于日常生活中，形成社会合力，共同推动乡村绿色振兴。基于此，笔者在参考相关文献的基础上，撰写了《人与自然和谐共生的乡村绿色振兴研究》一书。

　　本书共五章。第一章作为全书开篇，从生态文明与乡村振兴的内涵、马克思主义生态思想、乡村振兴的理论与政策角度阐述了乡村绿色振兴的理论基础，让读者系统了解这一概念。第二章深入探讨绿色振兴这一乡村生态文明建设的内在逻辑，论述了乡村生态文明建设的价值意蕴、基本策略和机制的构建。第三章至第五章分别论述了乡村绿色振兴从哪些方面着手实施。其中，第三章研究了乡村人居环境的整治提升，包括规划乡村住宅和道路，推进"厕所革命"，完善乡村垃圾、污水与畜禽粪便的处理。第四章探讨乡村生态景观的规划实践，根据规划原则和方法积极解决现实困境，并研究了乡村生态景观规划的类型与实践。第五章着重研究乡村产业的生态化发展，包括发展生态低碳农业、乡村绿色低碳工业和乡村生态旅游业。

乡村绿色振兴是对乡村振兴战略的解读和深化，在此背景下，本书全方位探讨了乡村绿色振兴的理论意义和实施路径。概言之，本书的鲜明特点体现在以下两个方面。

第一，结构完整。本书先从乡村绿色振兴的理论基础写起，进而探究乡村生态文明建设的一系列问题，再从绿色环境、绿色景观、绿色产业三方面有效推进乡村绿色振兴的策略，实现了理论和实践的结合，形成了较为完整的结构体系。

第二，注重实际。本书没有仅仅停留在理论研究上，而是立足实际探讨了如何实现乡村绿色振兴，列出了改造人居环境、规划生态景观、推动产业生态化发展等实施路径，切实改善乡村生态文明，实现人与自然和谐共生。

本书在我国实施乡村振兴战略的背景下，对乡村绿色振兴做了较为全面的研究，期望能为乡村绿色振兴的持续推进贡献微薄力量。

为了确保研究的科学性，笔者在写作过程中参考了大量的文献资料，在此向相关专家学者们表示衷心的感谢。最后，限于笔者水平有限，加之时间仓促，本书难免存在一些疏漏，恳请同行专家和读者朋友批评指正。

袁春剑

2023 年 6 月

目　录

第一章　乡村绿色振兴的理论基础　/1

第一节　生态文明与乡村振兴的内涵　/2
第二节　马克思主义生态思想　/10
第三节　乡村振兴的理论与政策　/15

第二章　绿色振兴：乡村生态文明建设的内在逻辑　/33

第一节　乡村生态文明建设及其价值意蕴　/34
第二节　乡村生态文明建设的基本策略　/39
第三节　乡村生态文明建设机制的构建　/42

第三章　绿色环境：乡村人居环境的整治提升　/57

第一节　乡村人居环境的现状　/58
第二节　乡村人居环境整治的目标、内容与任务　/60
第三节　乡村住宅与道路的规划　/65

第四节　农村厕所革命的推进　　/72

　　第五节　乡村垃圾、污水与畜禽粪便的处理　　/80

第四章　绿色景观：乡村生态景观的规划实践　　/97

　　第一节　乡村生态景观规划及其现实困境　　/98

　　第二节　乡村生态景观规划的原则与方法　　/105

　　第三节　乡村生态景观规划的类型与实践　　/111

第五章　绿色产业：乡村产业的生态化发展　　/135

　　第一节　发展生态低碳农业　　/136

　　第二节　发展乡村绿色低碳工业　　/154

　　第三节　发展乡村生态旅游业　　/166

参考文献　　/187

第一章　乡村绿色振兴的理论基础

乡村振兴是近年来我国乡村建设领域讨论最多的话题，要实现新时代乡村振兴，必须走绿色发展之路，因为绿水青山是乡村发展的宝库，未来乡村只有走绿色发展之路，才能实现生态宜居、可持续发展的美好生活愿景。乡村绿色振兴的理论基础一方面来自生态文明与乡村振兴的内涵，另一方面受到马克思主义生态思想的影响，乡村振兴的相关理论与政策都引导乡村走绿色振兴之路。本章将对乡村绿色振兴的上述理论基础进行详细论述。

第一节 生态文明与乡村振兴的内涵

要想实现乡村绿色振兴,应增进对"绿色振兴"的理解,它包含了"生态文明"与"乡村振兴"两个概念。地球上的所有生物之间都存在某种微妙的关系,各种生物共同构成了生态平衡。"生态"是自然界万事万物存在与发展的状态,人们在处理与自然的关系的过程中,逐渐产生了"生态文明"的概念。乡村振兴的实现离不开对生态文明的深入理解,同时生态文明也需要在乡村振兴中实现自身的理论价值。

一、生态文明的内涵

人类从原始社会中走来,经历了农业文明与工业文明,如今又进入了生态文明时代。生态文明是一种全新的文明形式,又被称作"绿色文明"。这一概念在中国出现以来,并没有形成统一的认识。较早研究生态文明的陈彩棉认为,人类在遵循人与自然、社会和谐相处的规律下创造出的所有物质成果和精神成果就是生态文明。并且,生态文明的基本宗旨是人与自然、人与人、人与社会和谐共生、良性循环、全面发展、持续繁荣。[1] 在此之后,陈寿朋、杨立新在《生态文明建设论》一书中提到了生态文明的内涵:它是人类在社会生活中积极处理人与自然生态环境、社会生态环境之间关系的重要成果,包含了精神成果和物质成果两方面内容。[2] 该书还认为,从结构形态上看,生态文明包含了生态意识文明、生态制度文明与生态行为文明三方面内容。近年来的一些研究也对生态文明这一概念做了阐释,如李姗姗认为应该从纵向的时间维度与横向的空间维度对生态文明这一概念做出解释,认

---

[1] 陈彩棉:《生态文明:人、自然、社会和谐共生》,《环境教育》2007年第11期。
[2] 陈寿朋、杨立新主编《生态文明建设论》,中央文献出版社,2007,第2页。

为生态文明意味着人与自然的关系有了进一步的发展，从原始文明时期的人类崇拜自然，到农业文明时期的人类改造自然，再到工业文明时期的人类利用和破坏自然，直至生态文明时期的人类爱惜自然、保护自然、与自然共生，可见生态文明时期的人类社会文明已经达到了一定的高度。生态文明是一个内容广泛的概念，不仅局限于传统意义上的环境保护和污染控制，还是通过提高资源利用率来提高生态环境保护水平的一种可持续发展模式。❶ 无论人们对生态的解释如何，生态文明的提出都标志着人类对自身与自然的关系有了更深刻的理解。

结合历年来学界对生态文明的研究，总体来看，生态文明是人类以保护和建设美好的生态环境为核心对社会进行改造后取得的在物质、精神和制度等方面的总成果，其意义在于能够建设一个社会的文明状态。生态文明建设是一项系统的工程，贯穿于整个社会的经济、政治、文化建设中。

（一）生态物质文明

物质文明是人类为了达到某种目的用脑力和体力对自然物进行改造，并创造出想要的使用物的一种文明形式。这里所讲的使用物既包括人类生产生活中所需要的产品、工具，又包括具有经济价值的物质财富。换言之，物质文明是人类对客观世界进行改造后产生的所有物质成果，能够维持人类的生命和社会再生产。物质文明水平取决于物质生产水平和生活水平。

生态物质文明的提出与人类物质文明本身的矛盾有关。经历了长期的工业文明发展以后，人类已经创造了大量的物质文明，物质匮乏的问题已经基本解决，但是由于在发展物质文明时以摄取资源和排放废物为前提，这种不计生态后果的发展方式最终导致了生态问题，也使物质文明难以持续。也就是说，在现代工业文明时期，人们评判物质文明的水平是以人类控制自然的能力和创造的人工器物为标准的：人类社会越远离自然状态，人类就越不依赖自然，就更有能力控制自然和创造更多人工器物。❷ 这种评判标准完全脱离了生态系统对人类的影响，表面看来似乎是人类征服了自然，实则是人

---

❶ 李姗姗：《绿色差异化视角下促进生态文明建设的财税政策研究：基于省级面板数据》，云南大学出版社，2020，第27页。
❷ 严耕、杨志华：《生态文明的理论与系统建构》，中央编译出版社，2009，第170页。

类远离了自然。

生态物质文明要求人类在开发利用自然资源时，不仅要为自己谋取利益，还要科学合理。也就是说，人们要以生态学、生态经济学的理论和生态文明的眼光来发展物质文明，即人类的生产活动要符合生态规律和生态系统的要求，并采取开展循环经济模式。与传统线性经济模式不同，循环经济模式强调在发展经济时要遵循生态规律，正确对待环境容量，合理、充分运用自然资源，提高资源利用率，尽最大可能减少环境污染。

在生态物质文明中，不但人类生产的器物要符合自然生态系统，而且生产器物所使用的科学技术和生产方式也要符合生态规律。也就是说，生态物质文明中器物本身及其生产的全过程都是生态的。这样看来，只有大力发展生态产业体系，即在产品生产工序、原材料上考虑生态利益，而不是只考虑经济利益，才能实现生态物质文明。如果将生态系统的要求纳入考虑范畴，那么，生产的产品数量并不是越多越好，而是以适度发展为宜。

不容忽视的是，生态物质文明水平的高低与生态环境相关的公共产品开发程度有紧密的联系，生态环境相关的公共产品数量越多、质量越高，说明这个地方的生态物质文明水平越高。

（二）生态意识文明

通常，人们的思想观念会影响其生产活动，因此要建设生态文明就必须先从思想入手，即加强生态意识文明的建设。生态意识文明指的是人们在面对生态相关的问题时所采取的一种正确、进步的观念态度、心理、道德和价值取向。生态意识文明宣扬的是从根本上摒弃人类中心主义观念，坚持尊重自然、热爱自然、与自然和谐相处的自然观，具有良好的生态保护意识，在生产和生活实践中坚持可持续发展观和适度消费观。

生态意识文明具体表现为生态自然观、生态价值观、生态发展观、生态消费观等方面。生态意识文明要求转变人们传统的自然观，人类与自然并非对立的，人类是自然界的有机组成部分，人的价值是自然价值的延伸与升华。人类要像关心自己那样关心自然，不应只向自然索取，而是要把自然界的命运与发展同人类的生存与发展联系起来，爱护自然、保护自然。人类要以生态学为基础，重新认识地球以及生态系统，要在全社会唤起并确立生态科学意识、生态忧患意识、生态审美意识、生态价值意识、生态责任意识等。生态意识文明在价值观上强调实现各种公平，包括种际公平、代际公平、人地公平，即自然界每个物种都有存在的价值，人类应该充分尊重其他生物的生存权利。生态意识文明在发展观上强调人类必须与自然和谐相处，以实现可持续发展。发展的强度、模式、规模及速度必须以资源环境承载力为基础。此外，生态意识文明在消费观方面强调节约与适度消费。

在社会层面，意识文明以风貌的形式表现出来；在个人或组织层面，意识文明以行为的形式呈现出来。因此，个人或组织的生态意识文明可以外化为生态行为文明。生态行为文明是生态意识文明的一种具体表现，换句话说，如果没有生态行为文明，那么生态意识文明就不能表现出来。在生态文明建设中，政府、企业和公众都起到一定的作用：政府主导生态文明建设，用各种经济、政治上的手段来推动社会生态文明行为的产生；企业消耗能源、资源，制造生产、生活产品，其中的各个环节都离不开生态环境，因此企业必须转变思想，避免因生产而产生的环境污染；公众是建设生态行为文明的主体之一，要确保生态文明顺利建设，公众必须具备生态文明的价值观，积极参与生态环境保护工作，养成健康、绿色的生活、消费习惯，推动生态文明建设取得更大进步。

（三）生态制度文明

制度是指人在社会中为满足社会交往的需要而设立的合理高效地处理人与人、人与群体之间关系的建制性文明成果，如风俗、礼仪、经济制度、政治法律制度、教育文化制度等。制度的建立要征求权利主体的同意，但动植物等不在权利主体的范畴内。因此，现代制度文明虽然给予人类足够多的自由、平等的权利，并在一定程度上实现了民主，但是动植物等并不享有与人类一样的自由平等权。一些人希望从道德层面对他人及社会进行生态意识宣传，但是只在道德层面上对生态环境加以保护是远远不够的，还要在制度层面上加强对生态环境的保护，即建设生态制度文明。

近年来，生态环境危机有日渐加剧的趋势，因此人们在制定相关制度时都会考虑生态问题。这是因为文明的制度必须将动植物的生存需求考虑进去。由此看来，生态制度文明应该是充分考虑生态系统要求而建立的经济制度、政治制度的总和。具体来说，生态制度文明既考虑到人与人、人与群体、人与社会之间的各种复杂关系，又考虑到在处理任何关系时都要融入生态观的问题。这种新型的制度包含了显性的经济制度和政治制度，以及隐性的新型风俗和礼仪。此外，生态制度还包括一些有利于生态系统繁荣稳定的新制度，如生态环境影响评价制度、排污申报登记制度、清洁生产及审核制度、生态恢复补偿制度等。基本生态制度的建设在于用刚性的制度约束人类的不文明行为，惩罚破坏文明的行为，其完善的程度与执行的水平是衡量生态制度文明的标志。生态制度文明的水平如何，不仅要看是否制定了较为完善的生态环境保护规范，还要看这些新型规范是否得到了普遍的遵守和落实，是否取得了明显的成效。生态制度文明的目标，就是要从制度安排上给予从事生态文明建设的人和单位激励，使之受益，从而形成人人积极主动参与生态文明建设的良好制度环境。

总之，生态制度文明是生态环境保护和建设水平提高、相关保护制度完善和落实的成果，它体现了人与自然和谐相处、共同发展的关系，反映了生态环境保护水平，也是生态环境保护事业健康发展的根本保障。

二、乡村振兴的内涵

与过去的新农村建设相比，乡村振兴的内容更加全面，内涵也更加丰富，在更高层次上追求实现乡村发展的更大目标。乡村振兴实现了我国乡村工作理念与方向的深刻变革，它不是简单地在乡村搞基础设施建设，其内涵是多方面的，具体分析如下。

（一）促进产业兴旺，实现生活富裕

共同富裕是生活富裕的本质要求。随着市场经济的发展，乡村经济得到了飞速发展，乡村居民的生活得以改善，但是在发展过程中，广大乡村地区发展不平衡的问题日益凸显。鉴于此，乡村振兴确立了促进农业现代化发展，提高乡村居民的获得感和幸福感，消除他们对生活的担忧的目标。为了提高农民收入，乡村振兴要根据乡村的基本情况完善产业基本制度，推动产业向现代化发展。要加快农业经营方式转变，加大资金、技术支持力度，壮

大集体经济，培育农民合作组织，把农民承包经营权落实到地块，使农民承包地权属更加明确，保证农民的收益预期。

产业兴旺是乡村振兴的核心，是实现农民生活富裕的根本动力，同时也是实现乡村可持续发展的内在要求。当前，我国乡村产业虽然已经发展到了一定程度，但是依然存在各种问题，如区域特色和整体优势不明显、产业布局缺乏整体规划、产业结构单一等。因此，乡村振兴战略要求乡村必须紧握产业兴旺这个核心，并以此为优先发展方向和实践突破点进一步发展乡村产业，从而更好地促进农业农村现代化的实现。乡村产业要实现从生产发展到产业兴旺的转变，要从过去单纯追求产量转为追求质量，从粗放型经营转变成精细型经营，从不可持续发展转变成可持续发展，从低端供给转变成高端供给。产业兴旺就是以实现农业现代化发展为目标，打破乡村与城市的壁垒，丰富乡村发展的业态，将乡村的各类非农产业进行融合发展，帮助农业增产、产品增值、农民增收，实现农业发展提质增效。产业兴旺是农民生活富裕的前提，而生活富裕、产业兴旺又是乡风文明和治理有效的基础，只有真正将产业兴旺、生活富裕、乡风文明、治理有效有机结合，才能促进乡村生态宜居水平的提高。国家政策将产业兴旺作为实施乡村振兴战略的首要要求，也可看出农村产业发展的重要性。

（二）推进绿色发展，实现生态宜居

乡村的绿色发展是在永续利用自然资源和创造良好生态环境的基础上实现的。绿色发展能保护好宜耕宜牧的土壤环境、适宜饮用和灌溉的水体环境、适宜生物呼吸的大气环境等，从而为农业永续发展提供不竭动力。乡村要想实现绿色发展的目标，就要发展绿色农业，在充分调查市场需求后积极调整农业结构，结合先进的科学技术推动农业向高层级的产业升级。扩大绿色、优质的农产品生产，既能收到良好的产业经济效益，又能获得较高的环境效益，真正实现农业的可持续发展。

绿色农业产业结构的构建不仅能提升供给质量与效益，还能优化乡村的人居环境。农产品质量对绿色农业产业结构的构建有着重要影响，农产品质量受农业投入与资源要素的影响较大，因此要加大资金投入，充分利用资源，走绿色农业发展道路，才能实现乡村产业绿色发展，建设生态宜居乡

村。❶生态宜居乡村环境的打造并不是简单地从村容整洁上进行单一化的整改,而是要更深层次地对集生产、生活、生态为一体的低碳经济发展方式进行探索。❷换句话说,要加强乡村突出环境问题综合整治,统筹山水林田湖草沙系统治理,以绿色发展引领生态振兴,重点解决土壤修复、污水治理、垃圾处理、旱改厕造等难题。充分发掘、创新发展乡村传统绿色文化,建立绿色发展支持体系,完善乡村绿色发展的补贴政策体系与市场化、多元化生态补偿机制。此外,乡村振兴工作者应积极宣传绿色产业发展理念,让更多人树立绿色发展意识,使之自觉、积极地参与到乡村绿色产业发展的工作中。

生态宜居的内核是倡导绿色发展,是以低碳、可持续为核心,对集"生产场域、生活家园、生态环境"为一体的复合型"村镇化"道路的实践打造与路径示范。通过建设生态宜居家园实现物质财富创造与生态文明建设互融互通,走出一条具有中国特色的乡村绿色可持续发展道路,在此基础上真正实现更高品质的生活富裕。此外,实现乡村生态的良好治理是实现乡村有效治理的重要内容,治理有效必然需要有效的乡村生态治理体制机制。就这个意义而言,打造生态宜居的美丽乡村必须把乡村生态文明建设作为基础性工程扎实推进。

(三)传承农耕文明,实现文化繁荣

乡村文化振兴是乡村振兴的一个重要方面,乡村文化是中华文化的根脉,可以说传承乡土文化就是留住华夏文明之魂。乡村振兴就是要让人们关注乡村文化,深化对乡村文化价值的认识与理解,增强对传统乡土文化的认同感和信心。乡村振兴过程中,要利用各种手段,挖掘并展示其独有的文化内涵,在确保当地百姓生活更加便利的同时,以科学、严谨的态度规划古村落保护发展工作,大力宣传保护和开发利用乡村文化,既能实现乡村文化活态传承与经济发展双赢,又能让历史悠久的乡土文化在新时代焕发出新的魅力和风采。科学引导乡村移风易俗,用当地百姓易于接受的形式宣传乡村文

---

❶ 赵政:《乡村振兴战略研究》,西北工业大学出版社,2021,第6页。
❷ 叶加申:《乡村振兴与美丽乡村建设研究》,北京工业大学出版社,2019,第2页。

化，将乡村流传的好人好事讲好、传播好，能让文明新风成为乡风主流，让新风尚根植于广阔乡村。

（四）创新乡村治理，实现乡村善治

治理是乡村振兴的有效保障，实现乡村有效治理能够在一定程度上保障乡村稳定发展。随着工业化、城镇化步伐加快，以及社会流动性不断加大，部分乡村已经出现了空心化现象，给乡村治理带来了新的挑战。为了给乡村振兴营造一个和谐、安定的社会环境，要努力构建以自治实现乡村治理共建格局、以法治实现乡村治理共治格局、以德治实现乡村治理共享格局。只有将乡村治理好了，乡村秩序建立起来了，才能真正地实现乡村的产业兴旺、生态宜居、乡风文明和生活富裕，才能有效地推进乡村振兴战略。新时期，要治理好乡村，首先，有效整合国家和社会政策，深入挖掘乡村治理的存量资源，充分利用乡村治理的增量资源，平衡乡村治理中出现的各种社会冲突和矛盾，实现乡村的有效治理；其次，想方设法吸引大量乡村居民积极参与乡村治理工作，充分发挥他们的主体作用；最后，加强基层自治组织体系的制度建设和乡村党组织建设，积极引导村民自治，组织和调动相关道德权威人物的力量调解矛盾纠纷。乡村振兴在乡村治理方面应着力创新村民自治的组织形式，鼓励乡村社会组织的发展，持续推进民主法治村、社的创建。加强村民个体的教育与培养，注重不良道德行为的惩戒及乡村道德模范人物的塑造与宣扬，发挥其道德标杆和道德引领的作用，并给予其必要、适当的物质奖励和精神鼓励。总之，乡村治理不再像以前那样单纯强调技术的重要性，而是强调多样化治理，即任何能够推动乡村有效治理的资源都可以利用起来。

（五）推进融合发展，实现城乡平衡

要走城乡融合发展之路，先要将工业与农业、城市与乡村、城镇居民与乡村居民视为一个整体，再以此为线索进行小康社会和现代化社会的建设。要明确乡村在全面建成小康社会和现代化建设中的突出地位，从根本上改变以工统农、以城统乡的发展路径，明确城乡融合发展是实施乡村振兴战略，推进农业、农村现代化建设。进一步理顺工农城乡关系，按照产业兴

旺、生态宜居、乡风文明、治理有效、生活富裕的总要求，建立健全城乡融合发展体制机制和政策体系，统筹推进乡村产业发展、生态优化、文化传承、社会建设和组织建设。加快推进乡村治理体系和治理能力现代化，在干部配备上优先考虑，在要素配置上优先满足，在资金投入上优先保障，在公共服务上优先安排，以补齐农业农村发展的短板，缩小城乡差距，实现城乡平衡、充分发展。

总之，乡村是具有自然、社会、经济特征的地域综合体，兼具生产、生活、生态、文化等多重功能，与城镇互促互进、共生共存，共同构成人们活动的主要空间。全面建成社会主义现代化强国，最艰巨、最繁重的任务在农村，最广泛、最深厚的基础在农村，最大的潜力也在农村。实现乡村振兴，对我国发展意义深远。

第二节 马克思主义生态思想

在马克思（Marx）、恩格斯（Engels）的著作中，论述自然生态、环境、工人生存环境的段落有很多。马克思主义生态思想是由马克思、恩格斯创立并为后继者所不断发展的生态思想，这些生态思想对当今的经济发展与生态保护具有现实的指导意义。中国特色社会主义生态文明建设，需要马克思主义生态思想的指引。因此，本节将以马克思主义生态思想为主要论述对象进行研究。

一、人与自然及社会的关系

在马克思与恩格斯的思想体系里，人与自然的关系一直是研究的重点。马克思与恩格斯在认真分析、研究资本主义社会发展规律的基础上，提出了一系列关于正确处理人与自然、人与社会关系的思想。

（一）人与自然的关系

马克思、恩格斯把人与自然界作为一个整体，来考察人与自然的关系，主张人与自然的辩证统一关系。他们认为，在经济发展过程中，必须坚持人与自然环境相统一的可持续发展思想。

1. 人是自然界发展到一定阶段的产物

马克思主义唯物论认为，自然界是先于人类历史存在的，人的产生、生存与发展都离不开自然界。恩格斯在《反杜林论》中指出："人本身是自然界的产物，是在他们（所处）的环境中和这个环境一起发展起来的。"[1]不只是人类，自然界中的万物都在这个环境中，并随着这个环境一起发展起来。恩格斯认为，宇宙、太阳系、地球、地球上的生命和人类都是无限发展的自然界在一定阶段的产物，任何具体事物都有生有灭，整个宇宙是有机统一的整体，并处在永恒循环的物质运动中。在达尔文之前，关于人类起源的问题一直是"神创说"占据统治地位。中国古代有"女娲造人"之说，西方世界则有上帝创造了亚当和夏娃的神话。1859年，英国生物学家C.R.达尔文（C.R.Darwin）出版《物种起源》一书，阐明了生物从低级到高级、从简单到复杂的发展规律。如今，很少有人再相信神创造人的神话故事，因为由大气圈、生物圈、水圈等构成的地球环境对人类的出现起决定性作用的认识已经被现代科学证实。

2. 人是自然界的一部分，自然界是人类赖以生存的物质条件

马克思在《1844年经济学哲学手稿》中写道："人（和动物一样）靠无机界生活，而人和动物相比，越有普遍性，人赖以生活的无机界的范围就越广阔……人在肉体上只有靠这些自然产品才能生活，不管这些产品是以食物、燃料、衣着的形式还是以住房等的形式表现出来。在实践上，人的普遍性正是表现为它把整个自然界——首先作为人的直接的生活资料，其次作为人的生命活动的对象（材料）和工具——变成人的无机的身体。自然

---

[1] 中共中央编译局：《马克思恩格斯列宁哲学论述摘编：党员干部读本》，中央编译出版社，2019，第67页。

界，就它自身不是人的身体而言，是人的无机的身体。人靠自然界生活。这就是说，自然界是人为了不致死亡而必须与之处于持续不断的交互作用过程的、人的身体。所谓人的肉体生活和精神生活同自然界相联系，不外是说自然界同自身相联系，因为人是自然界的一部分。"❶恩格斯指出："我们连同我们的血肉和头脑都是属于自然界，存在于自然界之中的。"❷由此可见，马克思主义生态思想对自然界的深刻认识。

人类自产生后，就形成了与自然环境相互作用的关系。恩格斯强调："人们愈会重新地不仅感觉到，而且也认识到自身与自然界的一致，而那种把精神和物质、人类和自然、灵魂和肉体对立起来的荒谬的、反自然的观点，也愈不可能存在了。"❸自然界是人类社会存在和发展的前提条件和物质基础，离开了自然界提供的阳光、空气、水、无机物和有机物等物质条件，人类就难以生存。

3. 人类实践活动影响着自身与自然的关系

恩格斯在《劳动在从猿到人转变过程中的作用》一文中描述了类人猿到人的转变过程，他认为在这个过程中，劳动起到了决定性作用。劳动不仅强化人与自然的关系，而且使人类自身得到发展，得以进化，是劳动创造了人本身。在马克思看来，人使自然界发生改变和人自身得到改变是同一过程，其中介就是人类的劳动。人与动物都是自然界的一部分，虽然人是从动物进化而来，但是人与动物有着本质的不同。动物只是自然生态链中的一环，只能被动地适应自然、依赖自然，动物与自然界只是单纯的依存关系与适应关系。人处于能动的创造者的地位。人的劳动是一种有目的、有意识的创造性实践活动，人类劳动实践的目的原本是生存和发展，但是在劳动过程中，存在着破坏自然平衡的可能性。

在农业社会时期，由于生产力水平低下，人口数量较少，以及交通条

---

❶ 马克思：《1844年经济学哲学手稿》，中共中央马克思恩格斯列宁斯大林著作编译局译，人民出版社，2000，第56-57页。
❷ 中共中央马克思恩格斯列宁斯大林著作编译局：《马克思恩格斯文集第9卷》，人民出版社，2009，第560页。
❸ 中共中央马克思恩格斯列宁斯大林著作编译局：《马克思恩格斯选集第3卷》，人民出版社，1975，第518页。

件的限制，人的活动强度相对较弱，活动范围相对固定，对自然生态的干预程度相对较低，人对自然的破坏尚维持在自然本身可修复的范围内。但随着工业时代的到来，人类生产活动规模不断扩大，生产手段不断进步，人影响自然界的力量不断增强，大规模改造自然和征服自然的活动使自然环境遭到破坏。这时，在人与自然的关系上，人处于主动的一方，自然则是被动的一方，成了人的对象，成了被人驱使的、供人利用的物质力量。人对自然的实践改造程度，制约着人与人之间的社会关系的发展程度。无论怎么变化，人与自然的关系仍然是人类社会最基本的关系，是人与人关系存在发展的基础。

（二）人与社会的关系

马克思主义生态思想认为，人的生活场景是由自然界与人类社会两部分组成的。人在生产与生活的实践中，结成了人与人之间的社会关系，对自然界的改造就是在一定的社会关系中进行的。人与人之间的社会关系一旦发展起来，立即对人与自然的关系起到巨大反作用。人与人之间社会关系的性质和发展水平，极大地制约着人与自然界的关系，人类只有处理好人与人之间的社会关系，协调好人们的力量，才能有效地改造自然。换句话说，处理好人与社会的关系是处理好人与自然的关系的前提。

人类社会在发展的过程中由于劳动的发展和分化，劳动资料的私人占有逐步取代了原始的公有，经济利益对立开始出现，人类社会关系的性质开始发生变化，人与自然的关系也开始发生巨大变化。马克思主义对资本主义生态危机问题做出的解析体现了其关于人与社会关系的进一步深化认识。马克思认为，人、自然、社会形成了一个社会有机体，在这个社会有机体中，生态问题已经不再是人与自然关系讨论的范畴，转而上升到了社会政治制度的高度。马克思指出，资本主义社会中人与自然的关系实际上反映了政治上人与社会的关系。正是由于资本主义制度导致了人与人、人与社会不同利益团体的对立与分化。马克思指出，共产主义社会是解决资本主义社会引起的生态问题的根本途径，共产主义能实现人和自然、人和人之间矛盾的真正解决。只有抛弃资本主义制度，只有在包括共产主义初级阶段的社会主义社会，自然力量和社会力量才不再作为异己的力量与人类相对立。❶人与社会的关系是随着人类产生而产生，在人类发展中发展的基础性关系，人没有办法摆脱。处理好人类社会内部的矛盾，有利于实现人与自然的更好互动。

二、物质变换理论

物质变换理论是马克思有关自然理论的重要组成部分，马克思用"物质变换"这一科学术语来描述人与自然的内在联系，指明了物质的有机发展与无机发展的内在关联，指明了社会发展与自然演化的辩证统一。马克思的物质变换理论，将人与社会经济以及自然界的关系，作为社会经济系统与自然生态系统的关系来对待，进而研究物质代谢。❷该理论是关于人类社会物质生产的本质性概括，劳动过程先表现为人与自然的关系，更在本质上反映出人与人之间的关系，并受到处于支配地位的生产关系的制约。

在正常的物质变换条件下，自然界能够保持一定的平衡状态。物质变换使有机物质与无机物质有机地联系起来，基本实现了自然界内部的相对平衡。在一般情况下，这种物质变换会周而复始地进行下去，但一旦变换过程出现了裂缝，自然界的平衡状态就会被打破，发生生态失衡。德国化学家李比希（Liebig）认为，伴随农业生产方式变动和城市化生活方式演进，城市环境遭到污染，农地物质循环被中断。受到李比希理论的启发，马克思在《资本论》中提到，"资本主义生产使它汇集在各大中心的城市人口越来越占优势，这样一来，它一方面聚集着社会的历史动力，另一方面又破坏着人和土地之间的物质变换，也就是使人以衣食形式消费掉的土地的组成部分不能回归土地，从而破坏土地持久肥力的永恒的自然条件"。❸于是，在自然规律决定下的物质变换过程出现无法弥补的裂缝，即马克思所说的"物质变换裂缝"，这一裂缝破坏了正常的物质变换规律，造成了无法弥补的严重

---

❶ 孙力：《西部地区生态文明建设理论与实践》，宁夏人民出版社，2013，第56页。
❷ 段钢：《绿色责任：企业可持续发展与环境伦理思考》，上海社会科学院出版社，2015，第88页。
❸ 中共中央马克思恩格斯列宁斯大林著作编译局：《马克思恩格斯文集 第5卷》，人民出版社，2009，第587页。

后果，在破坏土地持久肥力的这一自然条件的同时，它还破坏了城市工人的身体健康和农村工人的精神生活。

马克思认为，导致物质变换裂缝的根本原因是人类不合理的物质生产实践，即人类追求利润最大化过度干预自然秩序。人和自然的物质变换是一个不断循环的双向过程，当人类从自然界索取资源后，会将转化后的资源返还给自然，如果索取与返还不对称，即人类向自然索取后未将资源返还给自然，或者返还给自然的资源超过自然的承受能力而使物质难以转化，就会造成人与自然之间的物质变换裂缝。在这个双向循环的运动过程中，自然界处在被动的地位，而人处在主动的地位，对称态的双向循环过程若一次次被人类打破，生态环境失衡问题就在所难免。

第三节　乡村振兴的理论与政策

乡村振兴的提出理论根据是充足的，如人地关系地域系统理论、城乡等值化理论、非均衡增长理论、农业经济理论等都是乡村振兴的重要理论支撑。乡村振兴的目标是实现农业农村现代化，我国政府在这方面做出了巨大的努力，自2017年正式提出实施乡村振兴战略以来，陆续颁布了各种促进乡村振兴的指导意见、规划，为实现我国乡村振兴提供了强有力的政策保障。本节将以乡村振兴的相关理论与政策为重点展开论述。

一、乡村振兴的相关理论

（一）人地关系地域系统理论

人地关系一直是我国地理学研究的重点内容，地理学将人地关系属性划分为三种：一是任何人地关系都是地域系统；二是任何人地关系都是人与地的因果反馈；三是任何人地关系都是发展的。[1]20世纪80年代，我国杰出的地理学家吴传钧先生提出了"人地关系地域系统理论"，该理论认为人地关系地域系统是以地球表层一定区域为基础，它是由地理环境与人类活动两个子系统交错构成的复杂的、开放的系统，也是人与地在特定的地域中相互联系、相互作用而形成的一种动态结构。人地关系地域系统理论认为，人与自然环境之间存在多种直接反馈的作用，这些反馈作用也会产生较大的相互影响。一方面，自然环境会对人类活动产生促进和抑制作用，即自然资源对人类活动有促进作用，而自然灾害对人类活动有抑制作用。另一方面，人类活动将通过投入可控资源、治理自然灾害、开发不可控资源等方式改变自然生态系统。[2]人地关系地域系统理论的基本研究目标是通过对其结构的调整，实现人与自然两个子系统协调发展。

以人地关系地域系统理论为依据，可以判断城市及乡村空间也是一个复杂的地域系统。结合我国推动乡村振兴战略，形成了乡村地域系统研究。乡村地域系统相对于"城"而言是一个区域，包括城市之外的广大乡土地域。"村"是一种空间聚落形态，是一个包括中心村、行政村及自然村等不同规模与等级水平的多层次聚落空间。乡村地域系统是在人文、经济、资源与环境相互联系、相互作用下构成的，具有一定结构、功能和区际联系的乡村空间体系，具有综合性、复杂性、动态性、开放性特点。

总之，人地关系地域系统理论有助于加深人们对乡村空间演化的过程、机理等方面的理解，可以为我国乡村振兴战略提供全局的系统思维指引，有助于全面认知当前乡村发展与城乡失衡问题，是制定合理的乡村振兴政策的支撑理论之一。

（二）非均衡增长理论

区域经济从空间结构上看是块状经济，不同区域经济体之间普遍存在内生非均衡状态或非均衡力，在这种非均衡状态或非均衡力影响下，不同区

---

[1] 刘自强：《主体功能区政策下的宁夏限制开发区地域功能评价与区域发展模式研究》，宁夏人民教育出版社，2017，第46页。
[2] 杨景胜、王鲁峰、叶树澎、冷亮：《城镇微更新与乡村振兴的探索与实践》，中国城市出版社，2020，第76页。

域经济变化呈现非连续性与突发性特点。在非均衡力的不断作用下，区域之间逐渐呈现不断积累、不断变化的发展关系，也就是循环累积因果律。

法国经济学家佩鲁的增长极理论、瑞典经济学家缪尔达尔的循环累积因果理论等都强调区域经济增长的不平衡规律，同时认为核心与外围的联系主要是通过资源要素的"自上而下"地流动来产生的。

佩鲁的增长极理论是从极化空间的概念中引申出来的。佩鲁认为，在这种极化空间中存在富有活力的活动单元，增长极理论与含有活动单元的经济空间理论是一致的，因为活动单元可以创造自己的决策与操作空间，建立具有推进效应的中心，并推动整个经济向多维发展。

缪尔达尔的循环累积因果理论在批判新古典主义经济发展理论所采用的传统静态均衡分析方法的基础上，认为市场机制能自发调节资源配置，从而使各地区的经济得到均衡发展，虽然理论较好，但不符合发展中国家的实际。

以往我国的城乡发展政策往往带有"城市中心论"的烙印，但随着城镇化的推进，农业生产要素非农化、农民社会主体弱化、农村水土环境恶化等问题日益突出。实践证明，以非均衡增长理论为依据制定的政策方针并不能从根本上解决我国的"三农"问题。不过，该理论能更好地阐释当前乡村发展存在的问题，以及城乡融合发展格局、过程和演变趋势。

（三）城乡等值化理论

城乡等值化是实现乡村振兴的一种新理念、新机制，其内涵在于通过统一策划城乡发展，实现城乡二元结构逐步向现代化社会经济结构转变，建立平等的城乡合作伙伴关系，促进城乡在经济政治、文化观念、资源环境、空间布局上整体协调、融合，达到乡村振兴的目的。

城乡等值化理论产生于第二次世界大战后，源于德国巴伐利亚州展开的城乡等值化试验。城乡等值化理论要求通过土地整理、村庄革新等方式，缩小城乡差距，使农村经济与城市经济得以平衡发展，进而实现乡村生活质量与城市生活质量相同的目的，减少乡村人口向大城市的涌入。城乡等值化的核心内涵是"不同类但等值"。❶ "不同类"既包括城乡的形态、规模、产业、景观的不同类,也包括城乡的发展目标、生产和生活方式的不同类。"等值"则是指城乡居民劳动强度、工作条件、就业机会、收入水平、居住环境、社会保障和生活便利程度等方面的等值。"城乡等值"并不是所谓的城乡等同,也不是消灭城市或乡村,而是在承认城乡社会形态、生产和生活方式等方面存在差别的前提下,通过土地整理、功能区划分、公共服务改善等方式,缩小城乡生产和生活差距,使城乡居民享有同等水平的生活条件、社会福利和生活质量。因此,农村的繁荣与发展是城乡等值化的关键。

(四)城乡联系理论

20世纪80年代,美国经济学家戴维·利普顿(David Lipton)对以大城市为中心的、自上而下的发展政策进行了批评。他认为不发达地区之所以不发达,并不是因为国内劳动者和资本家的冲突,也不是因为外来利益与本国利益的冲突,而是因为没有处理好本国的城乡关系。这主要表现为三个方面:一是城市与农村存在明显的差别;二是城市集团与乡村集团存在利益上的矛盾与冲突;三是政府以城市为中心的自上而下的发展政策,加剧了这两大社会集团的矛盾与冲突。利普顿把因政府的过分倾斜保护政策引起的不公平的冲突型城乡关系总结为"城市偏向"型。❷ 利普顿认为,发展中国家城乡关系的实质就在于政府通过"城市偏向"政策使社会资源不合理地流入城市,为城市发展提供便利的同时,却给乡村的发展带来了很大阻碍。这种城市偏向不仅使穷人更穷,而且引起乡村地区内部的不平等。

英国经济学家科布纳基(Corbridge)认为城乡联系并不是孤立存在,也有可能是另外一些社会基本结构作用的结果,如阶级关系、政治制度等。他认为城乡关系只是依附于其他社会进程的一种关系。同时他认为,造成发展利于城市的原因,在于低廉的食物价格,以及其他一系列不利于农村的价格政策,如偏向于城市工业的投资战略及由此引起的乡村地区技术的缺乏,以及乡村地区普遍存在的医疗、教育等基础设施的落后。科布纳基认为不存

---

❶ 李文荣、陈建伟:《城乡等值化的理论剖析及实践启示》,《城市问题》2012年第1期。
❷ 张京祥、黄贤金:《国土空间规划原理》,东南大学出版社,2021,第38页。

在没有内部差别的城市和乡村，而利普顿把依附于其他关系的现象上升到城乡政治对立，忽略了城市穷人与乡村富人的存在。在科布纳基看来，利普顿片面理解了"农村集团""城市集团"，没有从社会结构的变化中把握城乡联系，未能对产生非均衡的城乡联系的原因做出合理的解释。

（五）分享空间理论

发展经济学中"依附论"学派的代表人物米尔顿·桑托斯（Miton Santos）提出了"分享空间理论"，该理论对研究第三世界国家城市经济发展与城镇化过程起到一定的作用。桑托斯认为国家现代化就是创新在时间上（从先前的历史时期向后来的历史时期）与空间上（从核心地区向外围地区）扩散的过程，这两种过程可以同时进行。分享空间理论认为21世纪的"现代化"过程造成发展中国家城市经济的"分享空间"结构，即发展中国家的城市或区域经济并不是一个完整的整体，而是由高级循环和低级循环构成的。其中，发展中国家的高级循环包括两种类型的部门：一类是为满足国内市场的资源精加工型工业部门，另一类是为满足国际市场的当地资源初级加工型部门。[1] 低级循环主要由非资本密集型制造部门、商品零售等非现代服务部门、小额贸易等经济部门组成。

高级循环中的产业部门具有技术水平高和资本密集两大特征，因此这一循环提供给本地劳动力的就业机会少，无法解决大量劳动力的就业问题，这就造成发展中国家大量的城市人口必然在低级循环中寻找就业机会。因为大量的劳动力分摊了有限的低级循环的产业活动，所以人均收入水平低，人均资本积累水平降低，因此尽管产业活动仍在持续，但会出现越来越多的贫困。高级循环与低级循环可以归纳为相互补充、相互竞争的关系，当一种循环活动所需的投入来自另一种循环时，或者当一种循环的某种活动为另一种循环带来外部经济效益时，二者的关系呈现出互补性；而当两种循环为夺取同一市场而采取行动时，二者的关系则表现出竞争性。

分享空间理论的基本原理要求在空间组织上，低级循环产业活动在城

---

[1] 陈修颖：《区域空间结构重组：理论与实证研究》，东南大学出版社，2005，第32页。

市及其毗邻地区寻找合作伙伴，而高级循环产业活动在城市与所在地之外寻找合作伙伴。因此，高级循环产业活动的影响范围在空间上是不连续的，因为大城市以从上到下的垂直联系为主，即商品往往以大城市——中等城市——城镇的方向流动，依靠高一级的城市来提供低一级的城市无法生产的商品；低级循环产业活动的影响范围在空间上是连续的，且以横向联系为主，它承担了城镇与广大乡村之间的经济联系。但是，低级循环中的横向经济联系并不能让农民在城市经济增长中获得多少好处，农民总是处于经济上的不利地位，造成广大乡村居民的收入水平趋于下降，间接推动了乡村居民走向城市。

根据分享空间理论，在资本主义生产体系中，城乡之间的联系不能使城市经济增长的影响扩散至乡村地区，边缘地区不仅远离大城市，而且经济发展水平也很低。因此，必须寻找能够将高级循环与低级循环连接起来并提高低级循环劳动生产率的方法，即通过资源要素的自由流动实现资源要素在两种循环中的有效配置。并且，这种配置活动以实现资源要素的有效配置为行动目的，建设与之相适应的空间组织与生产组织。其中，空间组织要通过"从上到下"和"从下到上"，也就是"城——乡"和"乡——城"的双向的资源和要素转移通道，实现资源要素的有效配置。生产组织主要通过把各种资源要素有效配置在城市产业部门和乡村产业部门中，也就是把各种资源有效配置在制造业和农业及农产品加工部门中实现经济效益的最大化。总之，空间分享理论对理解发展中国家城市与区域经济本质特征及实现乡村振兴都具有重要意义。

（六）农业经济理论

农业经济是现代化经济体系的重要组成部分，乡村振兴的农业经济理论十分重要，主要包括农业区位理论、农业区域分工理论、农业产业结构理论。

1. 农业区位理论

农业区位理论最早见于1826年德国经济学家冯·杜能（Von Thunen）的《孤立国同农业和国民经济的关系》一书。杜能的农业区位理论要解决的主要问题就是设法通过合理布局实现节约农业生产运费，以最大限度增加利润。

杜能从区域地租出发阐明了因地价不同而引起的农业分带现象，着重强调了农产品从产地到市场距离这一因素对土地利用类型产生的影响。他在书中提出了六种耕作制度，每种耕作制度都构成一个区域，每个区域都以城市为中心，围绕城市呈现同心圆分布，学界称为"杜能圈"。这些同心圆由内向外分别为自由式农业圈、林业圈、轮作式农业圈、谷草式农业圈、三圃式农业圈、畜牧业圈。离城市最近的自由式农业圈生产的农产品大多是易腐烂且难以长途运输的，离城市最远的畜牧业圈主要为了获得更大的生产面积，各个圈层都是根据农产品的特性来安排区位的。目前，许多大城市周边的农业生产布局仍可以找到杜能"农业圈"的影子。杜能的农业区位理论为乡村振兴中农业发展区位的安排提供了参考，但是农业区位理论毕竟只是农业区位布局的一种理想状态，地形、水文、经济、交通、空间、文化、社会等区位条件都会对农业发展产生影响。

2.农业区域分工理论

区域分工一方面表现为生产力规律作用下的地区生产专业化，即各地区专门生产某种产品，甚至产品的某一部分；另一方面表现为通过区际交换来实现专业化部门带来的产品价值，满足自身对本区不生产产品的需求，从而扩大区域生产能力，增进区域利益。在现代经济社会发展中，劳动分工越来越细，参与分工的地域因距离的缩短而越来越广，如何在激烈的市场竞争中占有一席之地，更加专业、细致和科学的分工是社会经济活动发展的必然趋势。

农业区域分工是指不同地区利用各自特有的条件进行有侧重的区域专业化农业生产，并在地区之间进行商品交换，这是农业劳动分工的空间形态。农业区域分工是基于自然地域分异的劳动地域分工，是自然地域分异与劳动地域分工耦合作用的结果，也是农业生物产业区域分工与非生物产业区域分工的本质区别所在。农业区域分工是现代农业发展的重要内容，它以各地资源禀赋和独特的历史文化为基础，有序开发优势特色资源，做大做强优势特色产业，是基于充分的自我条件分析和长远的市场预测与定位形成的

"一乡一业""一村一品"型现代农业区域分工。

3.农业产业结构理论

农业产业结构主要由农业内部各产业经济活动的相互联系与比例关系，以及农业与其他涉农产业的相互联系与比例关系两部分共同组成。农业产业结构的调整升级是传统农业向现代农业转型的主要标志之一。农业产业结构的主要影响因素有农产品需求结构、农产品贸易、农业科技创新、农业区域政策等。随着国民生活水平的提高，农业产业结构也在发生变化，畜牧业和渔业的比重上升，表现为种植业的比例下降，粮食作物的比例下降，经济作物、水果蔬菜的种植比例上升，农业加工成为产业结构中占据重要地位的产业，农业产业机械化、科技化水平提高，农业产业结构中增加了休闲、教育等内容；在乡村振兴过程中，实现农业产业结构调整，增加农产品附加值，才能对乡村居民生活起到良好的改善作用。

（七）农业发展理论

1.改造传统农业理论

美国经济学家舒尔茨（Schultz）在著作《改造传统农业》中探讨了改造传统农业的问题，在他看来，农业可以分为传统农业、现代农业、过渡农业三种类型。现代农业用机械代替手工劳动，科学技术在农业生产中的应用十分明显，生产要素的配置更加合理，生产效率提高带来了产量的进一步提高。传统农业与现代农业相比，存在生产方式原始、生产效率低下、产量低的劣势，对传统农业进行改造十分有必要。舒尔茨认为，发展中国家或地区经济发展的核心是实现传统农业向现代农业的转变，实现农业的工业化。[1] 舒尔茨认为，使用传统的增长方式，农业效益将很难有效提高；农业要获得持续快速发展，必须重视科学技术与人力资本的投入；改造传统农业必须借助市场力量；改造传统农业，发展现代农业，是经济发展中地区加快发展的核心任务。

我国实施乡村振兴战略，进行农业供给侧结构性改革，都可以借鉴舒

---

[1] 王大明：《我国西部地区现代农业发展研究》，电子科技大学出版社，2012，第72页。

尔茨的观点。

2.农业的多功能性理论

1992年，联合国环境与发展大会通过的《21世纪议程》首次提出了"农业的多功能"概念。农业的多功能性是指农业生产活动除具备供给粮食和原材料的功能外，还要具备与农业相关的改善农村生态环境、维护生态多样性、保护农村文化遗产等多重功能，为人类提供环境、社会、文化等方面的非商品性功能。从农业性质和功能来看，农业的价值不仅体现在农业生产的市场价值上，还直接表现在农业生产具有较强的公共产品属性和外部经济性，且农业生产的外部效应远远超过了其经济效应。农业不仅具有基本的经济、保障功能，还具有生态保护、观光休闲、文化传承等多重目标和功能。

现代农业本身就是具备多功能性特征的农业。因此，发展现代农业的乡村是兼具生产、生活、生态、文化等多重功能的综合体。农业的多功能性为乡村振兴背景下传统农业的改造开阔了思路。

此外，农业发展阶段理论也对乡村振兴有一定的指导意义，美国学者韦茨（Weitz）在1971年根据美国农业发展的历程，提出了"韦茨农业发展阶段论"，他把农业发展划分为持续生存农业阶段、混合农业阶段、现代化商品农业阶段这三个阶段。对农业发展阶段的研究，能让人了解不同发展阶段农业农村部门所具备的特征，以便清楚认识农业在整个国民经济发展中的地位，从而为确立适当的经济发展战略和农业发展政策提供理论依据。

（八）农业生态理论

农业生态理论主要包括生态适宜性理论、环境承载力理论等。

1.生态适宜性理论

不管何种生物，其生长都要受到生态环境条件的制约，即只能在一定的环境下生活。生态适宜性指特定生态环境对特定生物群落生存的适宜程度，包括气候适宜性、土壤适宜性和水分适宜性等。生态适宜性理论认为，在有人类活动的乡村地区，除了考虑自然环境的适应性，还应考虑经济、技术、社会文化的适宜性。生态适宜性是人们进行现代农业布局需遵循的基本原则，这种适宜性是在综合条件的长期作用下形成的，大部分是无法替代或效仿的。因此，在进行农业生产布局时，一定要充分考虑本地的生态适宜性，分析是否具有适合的生存空间和发展条件。

2.环境承载力理论

环境承载力是在一定时期的稳定状态或条件下，某一区域环境资源能够容纳人口与经济的规模。在环境承载力范围内，区域环境系统结构不发生质的变化、环境功能不遭受破坏。环境作为一个系统，在不同地区、不同时期有着不同的结构。环境系统的任何结构都受一定的外部作用力的影响，在一定程度下，其本身的结构特征、总体功能不会发生较大变化，这也是环境承载力的本质所在。

在一定的条件限制下，环境承载力是有限的，具有相对稳定性，随着时间的推移与环境条件的改变，环境承载力也会发生变化，具有调控性特点。环境承载力是现代农业发展的重要生态指标，能够在一定程度上对农业的过度开发起到约束作用。环境承载力理论为现代农业规划与社会经济发展提供了确定适宜规模的依据，从而使资源环境与社会经济发展达到协调发展的状态，这对实现乡村振兴有积极效应。

二、乡村振兴的政策

从改革开放到现在，我国的乡村发展政策可归纳为四个阶段，包括以家庭联产承包责任制和乡镇企业为重点的第一阶段，以新农村建设为主的第二阶段，以美丽乡村建设为主的第三阶段，以及现在最新的乡村振兴阶段。这里提到的关于乡村振兴的政策，都是在我国提出乡村振兴战略以后产生的。

（一）《中共中央 国务院关于实施乡村振兴战略的意见》

2017年，中国共产党第十九次全国代表大会提出我国社会主义建设进入新时代，这次会议提出要实施乡村振兴战略，并将其作为七大战略之一写入《中国共产党章程》，这一重大策略决策在我国农业农村发展史上具有划时代的里程碑意义。2018年1月，题为《中共中央 国务院关于实施乡村振兴战略的意见》（以下简称《意见》）的中央一号文件发布，中央一号文件深入贯彻落实党的第十九次全国代表大会精神，聚焦实施乡村振兴战略，对做好新时代"三农"工作，走中国特色社会主义乡村振兴道路，谱写乡村全面振兴新篇章做出了系统部署。该文件明确了我国乡村振兴战略的总体要求、任务重点和具体举措。

《意见》将我国乡村振兴的总要求概括为"产业兴旺、生态宜居、乡风文明、治理有效、生活富裕"五个方面。第一，"产业兴旺"的主线是农业供给侧结构性改革，包括夯实农业生产能力基础、实施质量兴农战略、构建农村一二三产业融合发展体系、构建农业对外开放新格局、促进小农户和现代农业发展有机衔接五项重点任务。第二，"生态宜居"包括统筹山水林田湖草系统治理、加强农村突出环境问题综合治理、建立市场化多元化生态补偿机制、增加农业生态产品和服务供给四项重点任务。第三，"乡风文明"即必须坚持物质文明和精神文明一起抓，包括加强农村思想道德建设、传承发展提升农村优秀传统文化、加强农村公共文化建设、开展移风易俗行动四项重点任务。第四，"治理有效"即要坚持自治、法治、德治相结合，包括加强农村基层党组织建设、深化村民自治实践、建设法治乡村、提升乡村德治水平和建设平安乡村五项重点任务。第五，"生活富裕"重点关注农村民生保障水平提升，包括优先发展农村教育事业、促进农村劳动力转移就业和农民增收、推动农村基础设施提挡升级、加强农村社会保障体系建设、推进健康乡村建设、持续改善农村人居环境六项重点任务。[1]以上五个总要求中，产业兴旺是重点，生态宜居是关键，乡风文明是保障，治理有效是基础，生活富裕是根本，它们共同构成了乡村振兴战略的有机整体。

《意见》按照党的第十九次全国代表大会提出的决胜全面建成小康社会、分两个阶段实现第二个百年奋斗目标的战略安排，按照"远粗近细"的原则，对实施乡村振兴战略的三个阶段性目标做了部署。[2]

《意见》还对乡村振兴战略的保障措施做了安排，包括完善农村土地承

---

[1] 杨景胜、王鲁峰、叶树澎、冷亮：《城镇微更新与乡村振兴的探索与实践》，中国城市出版社，2020，第88页。
[2] 兰州大学县域经济发展研究院、兰州大学乡村振兴战略研究院课题组：《乡村振兴的理论、政策与实践》，兰州大学出版社，2020，第95页。

包制度，探索宅基地"三权分置"；强化人才支撑，破解人才瓶颈；开拓融资渠道，解决乡村振兴战略实施中的资金问题；政治保障与制度保障。

此外，该文件明确指出，实施乡村振兴战略是新时代做好"三农"工作的总抓手，这是一个崭新的论断。实施乡村振兴战略是落实党的第十九次全国代表大会精神的具体行动，党的第十九次全国代表大会提出实施乡村振兴战略，是以习近平同志为核心的党中央对新时代做好"三农"工作的新部署，以及提出的新目标要求。乡村振兴不仅是农业的全面升级，也是农村的全面进步和农民的全面发展。乡村振兴不仅涉及农村经济发展，还涉及农村的政治、文化、社会、生态文明和党的建设等方面。实现乡村振兴实际上就是要加快推进农业农村现代化，也就是要从根本上解决中国农业、农村、农民问题。所以把实施乡村振兴战略作为新时代"三农"工作的总抓手，就抓到了"三农"工作的"牛鼻子"。

总之，《意见》具有承前启后的里程碑意义，既体现了多年以来"三农"政策的继承和总结，更是开创新时代"三农"工作新局面的一个纲领性文件，是一个管全面、管长远的文件，是一个指导性、针对性和前瞻性都很强的文件，是一个政策含金量很高的文件。该文件最大的亮点在于，提出要走中国特色社会主义乡村振兴道路，这也是贯穿全文件始终的主线。

（二）《乡村振兴战略规划（2018—2022年）》

2018年9月26日，中共中央、国务院印发《乡村振兴战略规划（2018—2022年）》（以下简称《规划》），对实施乡村振兴战略第一个五年工作做出具体部署，这是指导各地区各部门分类有序推进乡村振兴的重要依据。贯彻实施好《规划》，对于解决农村经济社会发展阶段性矛盾，保证乡村振兴战略实施开好局、起好步、打好基础，具有重大现实意义与深远历史意义。《规划》的内容主要有以下四个方面。

第一，研判当前乡村发展的态势。《规划》认为，我国农业农村发展取得历史性成就、发生历史性变革，农业供给侧结构性改革取得新进展，农村改革取得新突破，城乡发展一体化迈出新步伐，脱贫攻坚开创新局面。《规划》研判农产品阶段性供过于求和供给不足的问题并存，农村一二三产业融合发展深度不够，农业供给质量和效益亟待提高。农民适应生产力发展和市场竞争的能力不足，农村人才匮乏。农村基础设施建设仍然滞后，农村环境和生态问题比较突出，乡村发展整体水平亟待提升等。对于实施乡村振兴战略的第一个五年，《规划》也分析了在国际、国内两方面面临的机遇与挑战。《规划》指出，我国乡村差异显著，多样性分化的趋势仍将延续，乡村的独特价值与多元功能将进一步得到发掘、拓展。

第二，考虑乡村振兴的新格局。《规划》坚持从乡村振兴与新型城镇化双轮驱动、城乡融合发展和优化乡村内部生产生活、生态空间两个方面，明确国家经济社会发展过程中乡村的新定位，提出重塑城乡关系、促进农村全面进步的新路径和新要求。统筹城乡发展空间，加快形成城乡融合发展的空间格局。优化乡村发展布局，坚持人口资源环境相均衡、经济社会生态效益相统一，延续人与自然有机融合的乡村空间关系。

第三，规划乡村振兴的重点任务。《规划》按照产业兴旺、生态宜居、乡风文明、治理有效、生活富裕的总要求，明确了阶段性重点任务。一是以农业供给侧结构性改革为主线，促进乡村产业兴旺；二是践行"绿水青山就是金山银山"的理念，促进乡村生态宜居；三是以社会主义核心价值观为引领，促进乡村乡风文明；四是以构建农村基层党组织为核心，以自治、法治、德治"三治结合"的现代乡村社会治理体系为重点，促进乡村治理有效；五是以确保实现全面小康为目标，促进乡村生活富裕。

第四，规划乡村振兴的具体要求。《规划》围绕落实中央统筹、省负责、市县抓落实的乡村振兴工作机制，从五个方面提出要求。一是落实党政一把手是第一负责人、五级书记抓乡村振兴的工作要求，让乡村振兴成为全党全社会的共同行动。二是尊重人民意愿，切实发挥人民的主体作用，避免代替人民选择，形成全体人民群策群力、共建共享的乡村振兴局面。三是强化规划引领，抓紧编制地方规划和专项规划或方案，推动形成城乡融合、区域一体、多规合一的乡村振兴战略规划体系。四是注重分类施策，顺应村庄发展规律和演变趋势，按照集聚提升、融入城镇、特色保护、搬迁撤并的思路，分类推进，打造各具特色的现代版"富春山居图"。五是把握节奏力度，坚持稳中求进工作总基调。

（三）其他关于乡村振兴的政策

1.《关于大力实施乡村振兴战略加快推进农业转型升级的意见》

2018年1月18日，农业农村部（原农业部）出台《关于大力实施乡村振兴战略加快推进农业转型升级的意见》，就大力实施乡村振兴战略、加快推进农业转型升级、扎实做好2018年农业农村经济工作提出了若干意见。一是坚持质量第一，推进质量兴农、品牌强农。包括大力推进农业标准化；加强农产品质量安全执法监管；实施品牌提升行动；推动现代种植业提档升级；提高设施农业发展水平；加强动物疫病净化防控。二是坚持效益优先，促进农业竞争力不断提升和农民收入稳定增长。包括加快推进农业机械化；实施农产品加工业提升行动；实施休闲农业和乡村旅游精品工程；大力推进农村创业创新；实施新型经营主体培育工程，促进多种形式适度规模经营发展；促进小农户与现代农业发展有机衔接；切实抓好农业产业扶贫。三是坚持绿色导向，提高农业可持续发展水平。包括持续推进农业投入品减量；加快推进农业废弃物资源化利用；加强农业资源保护；大力开展以长江为重点的水生生物保护行动。四是坚持市场导向，着力调整优化农业结构。包括巩固粮食综合生产能力；以控水稻、增大豆、粮改饲为重点推进种植业结构调整；以调生猪、提奶业为重点推进畜牧业结构调整；以提质减量、改善养殖生态环境为重点推进渔业结构调整；加快推进产业向"三区三园"集聚；加强农产品市场体系建设；加快推进农业信息化建设；大力推进农业走出去。五是坚持改革创新，加快培育农业农村发展新动能。包括全面完成农村承包地确权登记颁证；深化农村集体产权制度改革；加大推进农垦改革工作力度；大力推进农业科技创新与体制改革；实施新型职业农民培育工程，加强农业农村人才队伍建设；创新完善农业支持保护制度。

上述意见有力支持了扎实推进乡村振兴战略的实施，按照高质量发展与实现赶超有机统一的要求，加快农业供给侧结构性改革，优化农业产能和增加农民收入，大力推进质量变革、效率变革、动力变革，加快特色现代农业建设，深化农业农村改革，坚决打好精准脱贫攻坚战，全面推进农业农村发展。

2.《农业农村部关于大力实施乡村就业创业促进行动的通知》

2018年4月24日,农业农村部发布《农业农村部关于大力实施乡村就业创业促进行动的通知》,该通知对培训农村创业创新人才的数量进行了目标规划,提出围绕培育主体促进就业创业、围绕打造园区促进就业创业、围绕发展特色产业促进就业创业、围绕推动产业融合促进就业创业等目标任务。

就业是民生之本,创业是发展之源。上述通知对于实施乡村就业创业促进行动;促进农业提质增效、农村繁荣稳定和农民就业增收;加快培育乡村发展新动能;推动乡村产业振兴、人才振兴、生态振兴、文化振兴和组织振兴;加快推进农业农村现代化,实现农业强起来、农村美起来、农民富起来,都具有十分重要的意义。

3.《关于推进农商互联助力乡村振兴的通知》

2018年5月22日,商务部发布《关于推进农商互联助力乡村振兴的通知》,该通知提出了六个重点任务:一是构建长期稳定农产品产销衔接机制,引导农产品产销衔接机制从松散、短期、易变向紧密、长期、稳定转变;二是发展新型农业经营主体,发挥他们对农户的组织带动作用,组织农户通过土地流转、托管等各种方式开展适度规模经营,提高农业生产规模化、集约化、机械化水平;三是培育打造农业品牌,选择一批品质上乘、标准化程度高的特色优质农产品开展多种形式的营销促销,打造一批地域特色突出、产品特性鲜明的区域公用品牌、企业品牌和产品品牌;四是打造全产业链条标准体系,覆盖农产品种养加工、检验检测、质量分级、标识包装、冷链物流、批发零售等各环节,提升农产品生产和流通的标准化水平;五是扶持贫困地区农产品产销对接,推动农产品流通企业深入贫困地区,发挥市场资源优势,帮助贫困地区发展特色、优势农产品产业;六是加强农产品流通基础设施建设,例如田头市场、冷链流通设施、信息服务平台和农产品电商平台等,补齐设施短板,提高流通现代化水平。

商务部的这一通知是落实乡村振兴战略总体要求的重要举措,其意义在于推动产业兴旺,促进农业现代化;密切城乡联系,推动城乡融合发展;提升农产品价值,拓宽农民增收渠道;提升农产品供给质量,促进农产品消费升级；打造贫困地区农产品的产销对接渠道，助力产业精准扶贫。

4.《中共中央 国务院关于坚持农业农村优先发展做好"三农"工作的若干意见》

2019年1月，《中共中央 国务院关于坚持农业农村优先发展做好"三农"工作的若干意见》的中央一号文件发布，文件强调继续坚持农业农村优先发展总方针，抓重点、补短板、强基础，进一步提出了重要农产品保障、数字乡村两大战略；深入推进优质粮食、农产品质量安全保障等八个工程；进一步强调大豆振兴、农村义务教育学生营养改善等五个计划；深入实施奶业振兴、农业关键核心技术攻关等九个行动；进一步推动美丽宜居村庄和最美庭院创建、群众性精神文明创建两大活动。这一政策的公布，可以看出全面推进乡村振兴的政策举措正加快落实。

5.《中共中央 国务院关于抓好"三农"领域重点工作确保如期实现全面小康的意见》

2020年1月，《中共中央 国务院关于抓好"三农"领域重点工作确保如期实现全面小康的意见》的中央一号文件发布，继续聚焦"三农"问题。2020年的中央一号文件具有承上启下的重要意义，"承上"对应的是2020年这一年要实现全面消除贫困的第一个百年奋斗目标，"启下"是指2020年的中央一号文件为乡村振兴建立基本制度框架与政策体系。中央一号文件分为五个部分，包括坚决打赢脱贫攻坚战、对标全面建成小康社会加快补上农村基础设施和公共服务短板、保障重要农产品有效供给和促进农民持续增收、加强农村基层治理、强化农村补短板保障措施。前两个部分对标第一个百年奋斗目标，对农村全面建成小康社会做最后的扫尾工作和全面期末检查。后三个部分，从保障农产品供应、促进农民收入持续增长、加强农村基层治理，以及强化对农村补短板保障措施等角度，为实现乡村全面振兴，实现"农业强、农民富、农村美"的目标，建立了基本制度框架和政策体系。

6.《中共中央 国务院关于做好2023年全面推进乡村振兴重点工作的意见》

2023年1月，《中共中央 国务院关于做好2023年全面推进乡村振兴重点工作的意见》对外发布，这是进入 21 世纪以来，中央连续出台的第 20 个指导"三农"工作的一号文件，也是中国共产党第二十次全国代表大会胜利召开之后的首个中央一号文件。此文件明确了 2023 年全年工作的重点和全面推进乡村振兴的具体操作。主要涉及全面夯实粮食安全根基、持续巩固拓展脱贫攻坚成果、拓宽农民增收致富渠道、扎实推进宜居宜业和美乡村建设等内容。

第二章　绿色振兴：乡村生态文明建设的内在逻辑

乡村生态文明建设是现代化建设的内在要求，其期望通过变革乡村地区人们的生产生活方式，构建一种人与自然和谐共生的文明形态，对于实现乡村地区的可持续发展有着十分重要的价值。乡村生态文明建设需要遵循一定的策略，并在适当的机制作用下实现。本章基于对乡村绿色振兴背景下的乡村生态文明建设的研究，分析乡村生态文明建设的价值意蕴与基本策略，探讨乡村生态文明建设的机制构建。

第一节 乡村生态文明建设及其价值意蕴

良好的乡村生态环境是乡村宝贵的自然财富，是实现乡村振兴的基本保障。乡村生态文明建设是一个内涵丰富的概念，其中包含了绿色发展理念，要实现的是从思维到生产、生活方式的全面变革。实现乡村生态文明建设，对于建设美丽中国、提升乡村居民的幸福感有着十分重要的价值。本节对乡村生态文明建设的基本理论及价值意蕴进行论述。

一、乡村生态文明建设基础理论

（一）乡村生态文明建设的内涵

乡村生态文明是指乡村居民与其生产生活的农村地区的自然生态环境之间的一种可持续的、和谐共生的文明形态。乡村生态文明建设就是要为实现乡村生态文明而进行的思维方式、生活方式、生产方式等多方面的变革。

第一，要在思维上树立生态优先理念，引导乡村居民正确认识人与自然的关系，认识到人有义务尊重自然，并自觉维护自然平衡，主动适应自然发展，只有合理开发资源，才能实现可持续发展。

第二，要在生活上推行绿色环保的生活方式，要通过加强乡风民风建设，切实提高农民素质，培养农民良好的生态文明习惯。

第三，要在生产上引导乡村居民用现代化的科技实现生产方式的绿色变革，实现乡村产业绿色发展目标，推进生态产业发展，壮大乡村生态经济，激发乡村经济社会发展新动能。

总之，乡村生态文明建设以绿色发展理念为引领，着力提升农民文化素质，提高农民生活质量；通过组织新业态、发展新产业、激发新动能，努力实现环境优美、生活富足、精神富裕的乡村绿色振兴。

（二）乡村生态文明建设的总体目标

我国乡村振兴战略的实施，将生态文明建设摆在了更加突出的位置，乡村生态文明建设成为一项为乡村发展长远考虑的大事。乡村生态文明建设作为生态文明建设的重要组成部分，在全面建成小康社会进程中起着关键作用。2018 年，《中共中央 国务院关于实施乡村振兴战略的意见》进一步明确、翔实地提出了乡村振兴战略的目标任务，指明了农村生态文明建设的总体目标：到 2020 年，农村基础设施建设深入推进，农村人居环境明显改善，美丽宜居乡村建设扎实推进，农村生态环境明显好转，农业生态服务能力进一步提高；到 2035 年，农村生态环境根本好转，美丽宜居乡村基本实现；到 2050 年，乡村全面振兴，农业强、农村美、农民富全面实现。❶

（三）乡村生态文明建设的基本原则

乡村生态文明建设是一项涵盖农村政治、经济、文化、社会、环境、资源等各个方面的系统性综合工程，涉及乡村经济社会发展的各领域、各方面，关系到乡村地区人民群众的切身利益。因此，乡村生态文明建设必须慎之又慎，要按照一定的原则进行。

乡村生态文明建设要以创新发展、协调发展、绿色发展、开放发展、共享发展的理念为引领，结合实施乡村振兴战略中应遵循的基本原则，按照全面建设社会主义现代化国家的根本要求，扎实推进乡村生态文明建设工作有效开展。乡村生态文明建设必须坚持的基本原则如下。

1.坚持党的全面领导

要毫不动摇地坚持和加强党对乡村生态文明建设工作的全面领导，健全党管乡村生态文明建设工作的领导体制机制和党内法规，确保党在乡村生态文明建设工作中始终总揽全局、协调各方，为乡村生态文明建设提供坚强有力的政治保障。

---

❶ 中共中央、国务院：《中共中央 国务院关于实施乡村振兴战略的意见》，https://www.gov.cn/zhengce/2018-02/04/content_5263807.htm，发布日期：2018 年 2 月 4 日，访问日期：2023 年 6 月 21 日。

2.政府主导，公众参与

充分发挥各级政府的主导作用，落实政府保护乡村生态环境的责任。维护乡村居民生态环境权益，加强乡村居民生态环境教育，建立和完善公众参与机制，鼓励和引导乡村居民及社会力量参与和支持乡村生态文明建设。

3.统筹规划，突出重点

乡村生态文明建设是一项系统工程，涉及乡村生产和生活的各个方面，要统筹规划、分步实施。重点抓好乡村饮用水水源地环境保护和饮用水水质卫生安全、乡村改厕和粪便管理、生活污水和垃圾处理、乡村环境卫生综合整治、乡村地区工业污染防治、规模化畜禽养殖污染防治、土壤污染治理、乡村自然生态保护等工作。

4.因地制宜，分类指导

科学把握乡村的差异性和发展走势分化特征，做好顶层设计，注重规划先行、因势利导，分类施策、突出重点，体现特色、丰富多彩。既尽力而为，又量力而行，不搞层层加码，不搞"一刀切"，不搞形式主义和形象工程，久久为功，扎实推进。结合各地实际，按照东、中、西部自然生态环境条件和经济社会发展水平，采取不同的乡村生态文明建设对策与措施。

5.依靠科技，创新机制

加强农村生态环保适用技术研究、开发和推广，充分发挥科技支撑作用，以技术创新解决乡村生态环境问题。积极创新农村生态环境管理政策，优化整合各类资金，建立政府、企业、社会多元化投入机制。❶

二、乡村生态文明建设的价值意蕴

（一）乡村生态文明建设是建设美丽中国的客观要求

生态文明是工业文明发展到一定阶段的必然结果，乡村生态在我国占

---

❶ 吕文林：《中国农村生态文明建设研究》，华中科技大学出版社，2021，第12-13页。

据十分重要的地位。建设乡村生态文明是实施可持续发展战略与乡村振兴战略、建设社会主义和谐乡村的具体体现，也是防止整个生态系统恶化的关键。从美丽乡村建设到2012年中国共产党第十八次全国代表大会报告提出建设"美丽中国"，深刻体现了生态价值这一概念在实践中的空间拓展性与内容丰富性。

美丽乡村建设是推进美丽中国建设、实施乡村振兴战略的核心内容与重要载体。从乡村到城市，从城市到全国的生态空间拓展，体现了局部、整体的辩证统一。美丽乡村建设典型示范向全国乡村的推广，即从典型到普遍，实现了中国乡村建设的整体生态变迁。杨祥禄提到，建设的美丽乡村，集中体现在五个"美"的建设上。一是环境之美，二是风尚之美，三是人文之美，四是秩序之美，五是创业之美。[1] 建设美丽乡村的最终目的，就是要让农民群众养成美的德行、得到美的享受、过上美的生活，让城市与乡村各有自己的美存在，用无数个美丽乡村构筑美丽中国。美丽乡村建设是美丽中国建设的重要内容，也是城乡协调发展的有力举措。

乡村生态文明建设是建成富强、民主、文明、和谐、美丽的社会主义现代化强国的前提。只有山清水秀的乡土中国，才有美丽中国。目前，我国乡村依旧是经济社会发展落后区域，农业生产力水平较低，乡村居民收入不高。"三农"问题依然亟须解决。因此，必须加快乡村生态文明建设速度，探索农村经济社会全面、协调、可持续发展的绿色之路。

乡村生态文明建设是落实建成"美丽中国"的具体实践，"美丽乡村"建设符合国家总体构想，符合社会发展规律，符合我国国情。2013年5月，农业农村部（原农业部）下发的《农业部"美丽乡村"创建目标体系》，按照生产、生活、生态和谐发展的要求，坚持"科学规划、目标引导、试点先行、注重实效"的原则，以政策、人才、科技、组织为支撑，以发展农业生产、改善人居环境、传承生态文化、培育文明新风为途径，构建与资源环境相协调的农村生产生活方式，打造"生态宜居、生产高效、生活美好、人文和谐"的典型，形成各具特色的"美丽乡村"发展模式。

---

[1] 陈学华主编《2016四川经济展望》，四川人民出版社，2015，第101页。

（二）乡村生态文明建设是提升乡村居民幸福感的有力举措

人民幸福、生活富裕是乡村生态文明建设的根本出发点，也是乡村发展的最终目标。人民群众对生态环境问题的高度关注，体现了生态环境对提升人民群众生活幸福指数的重要性。新时代生态文明建设的根本就是建设人民幸福、环境优美的乡村。乡村生态文明建设的具体化措施必须以人民为中心，落到乡村居民最关切的实处，积极回应乡村居民的心声。

乡村居民幸福感是通过提高生态环境质量，实现乡村居民对美好生活的愿望来实现的。乡村生态文明建设一是营造优美的生态环境，保留传统村庄的历史布局（包括老街、老屋、老桥、老井，它们是乡村历史文化的见证物），并且挖掘其文化底蕴，展现人文内涵。保留有科学价值与艺术价值的文物古迹、建筑文化艺术、名人故居、革命遗址和手工业等文化遗产，展现其文化底蕴，体现其个性特色。二是建设比较完善的基础设施和生活设施，包括现代化的交通设施、水电供应设施、生产生活垃圾处理设施，便利的医院、银行、邮电以及学校，全面改善乡村生产生活条件，实现城乡公共服务均等化。三是实现乡村居民增收，让他们过上富裕的生活。乡村居民增收问题是"三农"问题的核心，近年来，尽管乡村居民收入有所提高，但城乡收入差距仍然十分巨大，乡村居民增收仍然困难重重，乡村居民的增收远不是那么稳定和持续的，我们应该努力从解决乡村居民增收问题的深层次矛盾出发，建立持续增收的内生机制。

总之，乡村居民幸福指数的提高是乡村居民内心最关切和期盼的，乡村居民获得感、幸福感和安全感最直接的表现是生活富裕，这一目标要通过乡村生态文明建设、乡村经济稳步提升来实现。乡村振兴要以生态协调稳定为保障，以生态环境的保护和治理为动力，推动乡村社会发展和进步。绝不能以牺牲生态环境为代价换取经济的一时发展。

第二节 乡村生态文明建设的基本策略

乡村生态文明建设是一项系统性工程，乡村生态文明建设应该从思想出发，优先培育乡村居民生态文明意识，充分发挥乡村居民参与生态文明建设的主观能动性。结合制度体系建设、资源高效利用、生态环境保护等策略，有效推进乡村生态文明建设的实现。

一、提高广大乡村居民的生态文明意识

生态文明建设需要人的参与，人是生态文明建设的主体，要发挥人在生态文明建设中的主观能动性，就必须让人拥有生态文明意识，因为生态文明意识是引导人们保护生态环境行为的基础。人们良好的生态文明意识是构建生态文明社会的精神依托和道德基础。目前，在我国乡村地区尚未牢固树立生态文明意识，这是造成环境污染与生态破坏的重要因素。生态文明意识对乡村生态文明建设有着重要作用，乡村居民生态文明意识的强弱直接影响着我国乡村生态文明建设的速度与水平。当乡村居民缺少生态文明意识，不了解生态环境恶化对身心健康、生存环境造成的负面影响，在生产过程中就会追求经济利益最大化，更多地关注短期行为和经济效益，而忽视生态效益和社会效益。目前，乡村居民普遍缺乏必备的生态知识，即使他们想要维护自身的生态权益，也不知道通过何种渠道去维护。乡村居民想要加强环境综合整治，对自身利益进行维护，就需要了解当地乡村企业的污染排放情况，需要具备一定的生态科学知识。

生态文明意识的增强是公众积极主动参与生态环境保护，促使人口、资源、环境与经济、社会可持续发展的基本条件之一，也是衡量社会进步和公众文明程度的重要标志。乡村地区应该以生态文明意识的培育助力生态文明建设，从小开始，从家庭、学校教育做起，引导广大乡村居民树立生态文

明意识。国家还应该把生态文明教育作为素质教育的重要内容，纳入国民教育体系与干部教育培训体系。将生态文化作为现代公共文化服务体系建设的重要内容，挖掘优秀传统生态文化思想与资源，以文化作品、教育基地的形式，满足广大人民群众对生态文化的需求。通过典型示范、展览展示、岗位创建等形式，广泛动员广大乡村居民参与生态文明建设，使人们在生态文明建设实践中逐渐树立良好的生态文明意识。政府要充分运用电视、广播、报纸、互联网等各种媒体以及海报、广告灯箱、文艺演出等人们喜闻乐见的形式，大力宣传国家在乡村生态文明方面的内容。

二、建设并完善乡村生态文明制度体系

当前，我国乡村地区生态环境保护的制度、乡村生态环境保护的立法与执法有了明显进展。我国生态文明制度还有很大的完善空间。加快完善乡村生态文明制度体系，是深入开展乡村生态文明建设的治本之策。

第一，要健全相关法律法规，健全自然资源资产产权制度与用途管理制度。政府有关部门要加快制定、修订一批关于能耗、水耗、地耗、污染物排放、环境质量等方面的标准，实施能效和排污强度新制度，加快标准升级的步伐。

第二，要加强对乡村地区生态环境的统计、监测与评估。政府有关部门要加强统计监测，建立乡村生态文明综合评价指标体系。加快推进对能源、矿产资源、水资源、森林资源，以及水土流失、土地沙化、土壤与地质环境等的统计监测核算能力建设，提升信息化水平，提高准确性、及时性，实现信息共享。定期对乡村生态环境状况开展调查评估。

第三，要设定并严守资源消耗上限、环境质量底线、生态保护红线，将各类开发活动限制在资源环境承载能力之内。合理设定资源消耗最大量，加强能源、水、土地等战略性资源管控，强化能源消耗强度控制，做好能源消费总量管理。

第四，要建立体现乡村生态文明要求的目标体系、考核办法、奖惩机制。把资源消耗、环境损害、生态效益等指标纳入经济社会发展综合评价体系，大幅增加考核权重，强化指标约束。根据考核评价结果，对农村生态文

明建设成绩突出的地区、单位和个人给予表彰奖励。

三、促进资源节约高效利用

乡村生态文明建设促进资源节约高效利用，要从全面规划。一方面要做好节能减排，另一方面要大力发展循环农业，加大可再生资源的开发力度。

第一，节能减排一要节能，二要减排，即节约能源、降低能源消耗并减少污染物排放。节能就是加强用能管理，采取技术上可行、经济上合理，以及环境和社会可以承受的措施，从能源生产到消费的各个环节，降低消耗、减少损失、制止浪费，有效、合理地利用能源。减排必须加强节能技术的应用，以避免因片面追求减排而造成能耗激增。在乡村生态文明建设过程中，要充分发挥节能与减排的协同促进作用，全面推动重点领域节能减排，把节能减排作为转变农业生产与乡村居民生活方式的重要抓手，大力发展生态农业、循环农业、低碳农业，以提高农业资源利用率为关键环节，以推广节肥、节药、节水、节能和乡村废弃物资源化利用技术为工作重点，通过减量化、再利用、资源化等方式，降低能源消耗，减少污染排放，提升农业可持续发展能力，保护和改善乡村生态环境，提高乡村居民生活质量，促进农业发展方式的转变。

第二，大力发展循环农业。人类必须改变传统单向度的"自然资源—产品和用品—废物排放"的直线经济模式，尽力减少生产和消费的流量，以维护自然资源的存量，只有建立资源利用的闭环，才能提高资源的循环利用能力。循环农业是循环经济思想在农业领域中的具体应用。循环农业在可持续发展思想与循环经济理论的指引下，在保护农业生态环境与充分利用高新技术的基础上，调整并优化农业生态系统内部结构及产业结构，提高农业系统物质与能量的多级循环利用，严格控制外部有害物质的投入和农业废弃物的产生，最大限度地减轻环境污染，使农业生产经济活动真正纳入农业生态系统循环中，实现生态的良性循环与农业的可持续发展。

第三，加大可再生能源的开发力度。可再生能源通常包括太阳能、生物质能源、风能、水能、海洋能和地热能，它们广泛存在于地球上，可以替代化石燃料，减少二氧化碳排放。我国乡村有着得天独厚的自然条件与生产条件，可以开发多种可再生能源。例如，开发太阳能、风能、水能；利用玉米秸秆、麦秸、稻草、高粱秆等禾谷类作物秸秆开发生物燃料等。

四、加大自然生态与环境保护力度

加大自然生态与环境保护力度，在乡村地区实施大规模的生态保护与修复工程，这是世界上许多国家改善生态的成功经验，它使受到破坏的生态系统得以朝着良性方向恢复，由失衡走向平衡。保护与修复自然生态系统可以采取以下措施：加快生态安全屏障建设，扩大森林、湖泊、湿地面积，提高沙区、草原植被覆盖率；加强森林保护，将天然林资源保护范围扩大到全国；大力开展植树造林和森林经营，稳定和扩大退耕还林范围，加快重点防护林体系建设。

第三节 乡村生态文明建设机制的构建

机制是一种协调各部分更好发挥作用的结构关系与运行方式，乡村生态文明建设离不开健全的机制，有了先进的机制，才能保证乡村生态文明建设的正常进行，才能让乡村生态文明建设迈出新步伐。因此，要完善乡村生态文明建设机制，促进乡村按照既定目标完成生态文明建设。本节集中论述了乡村生态文明建设中涉及的各项机制构建。

一、乡村绿色市场机制

乡村绿色市场的机制建设不容忽视，要建立健全绿色金融与农业碳汇交易机制。

（一）绿色金融机制

1. 绿色金融机制概述

绿色金融概念最早出现在 20 世纪 80 年代，绿色金融中的"绿色"指经济与产业低碳、可持续、高效发展。绿色金融是一种支撑环境改善，在气候变化中节约利用资源，实现发展的经济活动。绿色金融的主要目的在于培育并支撑具有绿色发展前景的绿色、节能、环保型项目，为企业研发并推广绿色技术提供资金支持。绿色金融是绿色发展理念的核心，构建与资源环境相适应的绿色金融机制是促进乡村经济可持续发展的关键。绿色金融以国家绿色政策为行动指南，将绿色经济政策融入金融管理服务过程，突出金融支持绿色经济的发展，谋求长远经济效益与社会效益的双赢。

在提倡绿色发展与生态文明建设的时代背景下，传统的农村经济发展模式已经难以满足当下的经济发展需要，谋求发展绿色经济是乡村经济发展的必然。

生态文明建设需要解决的最核心问题在于，如何实现生态环境保护与经济增长的协同，[1] 要凸显生态环境资源在经济增长中的作用，就要发挥绿色金融机制的支撑作用。金融的核心功能在于对资源配置进行优化，绿色金融实现了资源与环境在金融资源配置中的作用发挥，使得生态产品的供给得到了有效保障。金融与生态环境资源之间的关系主要表现为以下四个方面。第一，金融能提供生态环境资源的跨期配置，通过期货与期权为未来的资源定价，将未来资源与现在的资源相衔接，达到生态环境资源跨期配置的目的。第二，金融让生态环境资源在不同区域完成配置，让全球生态环境资源需求方能够了解相关信息，为实现生态环境资源需求与供给的通达做出贡献。第三，金融对生态产品的生产投资能够吸引潜在的生态资源需求者与供给者，一方面刺激生态产品生产规模的进一步扩大，另一方面实现生态资源供给的可持续性。第四，绿色金融降低了生态环境资源全球配置的风险，各种绿色金融衍生产品的出现能降低或化解金融风险，使生态产品在供给与需求两端都得到长足发展。此外，绿色金融有利于改变农业生产方式，实现集约

---

[1] 蓝虹：《发展绿色金融推进生态文明建设》，《中国生态文明》2017 年第 5 期。

化经营。

绿色发展离不开绿色产业，发展绿色产业需要大量资金支持，目前我国绿色金融发展还存在资金短缺的现象，绿色金融供给体系还无法满足生态环境保护的需要，加上金融机构追求利润，发展绿色金融能够给金融机构带来的利润比较有限，因而金融机构发展绿色金融的积极性还不是很高，给予的资金支持自然也就相对偏低。乡村滞后的绿色发展意识也给乡村生态文明建设的绿色金融机制的实行带来了较大阻碍。

2.绿色金融机制实现路径

完善乡村绿色金融制度，健全金融重点倾斜机制，建立和发展绿色金融体系。要通过实施绿色信贷、绿色保险、排污权交易等手段，来调动和调控各方对环保治理的积极性。

（1）绿色信贷

金融机构要认真做好乡村振兴战略下的生态文明建设，积极调整信贷，完善蓝绿色信贷管理制度，加大对环境与社会风险的管理。因地制宜，推出适合本地区绿色生态产业发展需要的绿色信贷产品，如青海省一些金融机构根据当地的绿色产业实际情况推出了光伏贷、绿色养殖贷等绿色金融产品，有效助力了当地绿色产业的发展。各地可以依照本地的实际情况，以资金大力支持新能源、资源循环利用、绿色交通、生态农林等绿色产业。另外，绿色债券也是绿色信贷有机组成部分，绿色债券的推出有利于金融机构通过债券市场筹集资金用于环境保护、新能源、绿色交通等项目的建设，实现中长期绿色信贷的有效供给。

（2）绿色保险

环境污染责任保险就是绿色保险，是以企业发生污染事故对第三者造成的损害依法应承担的赔偿责任为标的的保险。乡村产业发展过程中，可能出现企业污染环境以及由于环境污染引发的事故，由于环境责任的承担往往需要巨额赔偿，许多造成污染的企业并没有能力承担其造成的污染所对应的赔偿责任，环境污染责任保险就是帮助企业分散环境责任，保证污染受害人的损害得到赔偿，进而平衡经济发展与环境保护的一种重要手段。绿色保险对企业发展具有的重要作用，一方面体现为引入风险共担机制，合理分散风险，减轻污染者负担；另一方面体现为提高参保企业的资信等级，为企业提供融资便利，有利于企业获得更多资金投入乡村生态文明建设的产业发展中来。

（3）排污权交易

企业在生产产品的过程中会产生污染物，这些污染物的排放需要控制在一定范围内，企业如果超出了政府设定的排污标准，就会受到一定的惩罚，为了避免惩罚，企业之间可以进行排污权的转让，实现排污需要。污染物排放权交易主体为转让方和受让方，转让方是指合法拥有可交易的主要污染物年度许可排放量的单位。获得转让污染物排放权的单位能够进行合规排污。建立污染物排放权交易机制能够采取协议成交的交易方式转让主要污染物排放权，使污染物排放总量合理，内部能动调节。同时，污染物排放权交易也有利于企业加强改进自身技术，减少污染物的排放，获得绿色发展的实惠。

（二）农业碳汇交易机制

1. 农业碳汇交易机制概述

农业是巨大的碳源，农业生产过程伴随着大量非二氧化碳温室气体的排放，如稻田土壤在淹水条件下产生甲烷，畜禽粪便发酵也会产生甲烷，带来了增温效应。另外，农业系统兼具较强的减排固碳潜力。采用保护性耕作措施、优化稻田灌溉方式、秸秆还田、减施化肥、增施有机肥等低碳生产方式，都有助于减少温室气体排放，提升土壤碳储量。

在第七十五届联合国大会上，中国首次提出力争在2030年前实现"碳达峰"、努力争取在2060年前实现"碳中和"。在2022年5月，由农业农村部、国家发展改革委印发的《农业农村减排固碳实施方案》中也提到了农业农村减排固碳是农业生态文明建设的重要任务。2022年，福建省在厦门建成了全国首个农业碳汇交易平台，并完成首批茶园碳汇交易。同年，海峡股权交易中心促成全国首单农田碳汇交易，首个农业碳汇保单在福鼎市签订。[1] 以上可以看出，农业碳汇交易不仅有助于应对气候变化，助力实现碳

---

[1] 张辉：《为生态产品价值实现"碳"新路》，《福建日报》2022年9月13日第3版。

中和目标，还为农业绿色转型找到了新的切入点。因此，我国要充分利用碳交易市场，发展我国农业碳汇交易。

我国农业碳汇交易虽然还处在发展初期，但出现的问题却具有代表性，如碳汇交易相关法律法规不健全，部分省份虽然率先实施了碳汇交易的政策，但全国性的碳汇交易政策的细则文件还有待出台。碳汇市场交易制度尚处在探索阶段，相关制度还不够完善，并且碳汇权属不够明确的现象也很明显，导致农业经营权与碳汇权容易产生争议，碳汇交易的正常进行受到较大限制。同时，作为农业碳汇交易的基础性测量手段也还缺乏统一标准，测量的精确性也有待提高。

2.农业碳汇交易实现路径

在完善市场交易机制上下功夫。鼓励通过政府管控或设定限额，探索碳汇权益指标交易及特定生态产品价值核算指标交易等方式，探索生态产品价值兑换方式。积极参加全国碳排放权交易市场建设，推动建设农业碳汇开发和交易试点省（区），探索服务开展面向东盟国家的碳排放权交易。要依托全国统一的碳排放交易市场，结合实际开展制度创新，研究碳汇交易实施机制。

（1）确立政府层面农业碳汇交易的政策

在国家层面对农业碳汇交易做好顶层安排是实施农业碳汇交易的保障。国家层面要制定相应的法律法规，明晰权利主体的权利与义务，有效保障农业碳汇交易的正常进行。建立积极完善的农业碳汇制度能够创新推进碳汇权益的转移，实现生态补偿与利益补偿的有机结合。[1]为了保障碳汇交易的顺利实现，应该积极完善相应的程序与监管以适应交易的需要，保证交易市场与监管机构在获取碳汇交易信息上的及时性。农业碳汇交易配套政策的完善有利于降低碳汇交易的成本，充分发挥碳汇补偿的调节作用。地方政府也要及时跟进，建立地方性的政策体系，实现地方碳汇交易在有序、高效、合理的情况下进行。

---

[1] 毕文泰、李宗泽、陈素云：《"双碳"目标下农业碳汇交易与粮食主产区利益补偿机制研究》，《价格理论与实践》2023年第1期。

（2）构建合理的碳汇交易制度体系

碳汇交易首先要确立交易主体，交易主体的确立是建立碳汇交易制度的基础。要以省级行政区来划分农业碳汇交易的主体，明确农业碳汇交易的主体责任；实现粮食产销区发展产销协作与农业碳汇合作关系；设立相应的农业碳汇交易中心，负责碳汇交易的正常运作，向碳汇需求区出售碳汇额度，明确交易时的基础规则与具体规则，制订相应的补偿方案，确定碳汇价格核算的方法，进行碳汇核查、监测。各省要设立碳汇交易的专用账户，确保补偿资金能够按时、足额发放。

在金融方面，也要提供相应的保障机制以使农业碳汇交易制度正常运转，要为碳汇交易提供相应的基金、保险、期货与储蓄支持，开发更多碳汇金融衍生工具，实现碳汇金融的进一步丰富。

一个科学可操作并被广泛认同的计量方法是碳汇能够进入市场交易的基础与前提，要探索建立农业碳汇标准体系，为农业碳汇交易铺路。并且，农业碳汇交易的具体操作，需要建立相应的人才培养体系。

农业碳汇交易与绿色金融之间有着密不可分的关系，它们互为依托，实现碳汇交易需要金融的支持，绿色金融的壮大也需要发展农业碳汇交易。

二、乡村绿色协同治理机制

（一）乡村绿色协同治理机制概述

在乡村振兴战略实施过程中，坚持人与自然的和谐共生的绿色发展是研究者普遍的认识，人与自然的和谐共生的实现需要人们建立一种协同治理机制来维持，这一协同治理机制的实现也是乡村治理主体共生、多元善治的现实价值所在。2012年，国家提出了建设美丽中国新目标，要求培育乡村生态环境多元服务主体。2015年，国家提出建立地方政府、企业、社会团体、村级组织、村民共治的乡村环境治理体系。此后，乡村振兴战略逐渐凸显党管乡村和全员参与环境治理价值。[1] 可以看出，乡村绿色协同治理机制

---

[1] 文字、竺乾威：《乡村生态环境共生治理：价值、演进及挑战》，《广西大学学报（哲学社会科学版）》2021年第5期。

的建成需要政府、村集体、乡村居民的共同努力。协同治理需要多方协调与保障，需要政府、村集体、企业、村民参与主体的协同努力，采取自上而下与自下而上相结合的方式来实现。

但是，目前乡村绿色治理参与机制还不是很健全，地方主体参与绿色治理的实际行动较弱，乡村居民参与环境治理的权利未得到很好的保障。部分地方政府对绿色协同治理的理解有偏差，在实践中存在大包大揽的情况。

（二）乡村绿色协同治理机制实现路径

1. 坚持党管乡村工作

坚持党管乡村，是中国特色社会主义发展的重要基石与原则，要坚持完善党政同责工作机制，确保党总揽全局。加强党对乡村绿色发展的统筹规划，压实乡村绿色发展主体责任。提高党在乡村绿色治理中的领导地位，有助于协调各方引领乡村绿色协同治理。

2. 发挥政府职能

发挥好政府职能，由过去政府总揽的局面变为政府指导、监督、管理，搭建与村民、环保组织、乡镇企业的对话平台，保证各项环保信息能够及时传达并理解，在遇到环境治理问题时积极与村民展开相互合作、相互协调，达到共同解决的目的。不同地域生态环境存在差别，政府要考虑将生态环境的实际情况与公众参与乡村绿色治理的时间、地点结合起来，采取民意调查、座谈会等形式实现乡村绿色治理的发展。[1] 政府要将生态绿色治理与人居环境治理、城乡治理、乡村治理等结合起来，发挥环境保护制度的优势，推动乡村环境绿色化。健全和完善财政支出政策体系，将农业农村作为财政支持的重点领域，大力支持农村高质量发展和乡村绿色发展，着力推进乡村生态治理，建立和完善涉农资金统筹整合长效运行机制，加强对财政支出的监督管理，确保财政支出与"乡村绿色发展目标"相适应。

---

[1] 温暖：《多元共治：乡村振兴背景下的乡村生态环境治理》，《云南民族大学学报（哲学社会科学版）》2021年第3期。

3.坚持乡村居民的主体地位

乡村绿色治理，乡村居民是主要的践行者，乡村绿色治理要尊重乡村居民的意愿与想法，始终坚持乡村居民的主体地位，发挥乡村居民在绿色治理中的主观能动性，保证乡村居民在乡村绿色治理中的知情权及参与权。[1] 乡村是乡村居民的原生居住地，对乡村居民来说，其对乡村的理解要比其他主体更加深刻。在现代经济制度的裹挟下，乡村居民不得不扩大生产，对自然造成了无意的损害。对乡村居民来说，其不缺乏生态保护意识，他们懂得日出而作，日落而息，他们遵循自然规律生活着，他们是乡村绿色治理最有发言权的主体，因此乡村居民参与环境治理的权利应该得到有效重视。为了实现乡村居民在乡村绿色协同治理上的作用与价值，应该让乡村居民签订环境管理协议，重新唤起他们作为农村环境治理主体的意识，让乡村绿色治理成为乡村居民分内之事。

此外，充分发挥环境治理软法效力，协调政府、社会群体、村级组织等主体运用道德传统、自治条例、村规民约等非正式制度治理的引导力。

乡村绿色协同治理的实现，有效利用了乡镇政府、企业、乡村居民这些乡村主体掌握的乡村社会各方面数据的优势，经过数据分析及时了解到乡村生态环境中可能出现的问题隐患，以便制订相关方案将这些隐患一一排除。协同治理实现的是事后治理、事中治理及事前预防效果的综合，对乡村生态绿色治理效率的提升很有帮助。

三、乡村生态产品价值实现机制

（一）乡村生态产品价值实现机制概述

乡村的绿水青山是乡村发展经济最好的基础和原动力，"生态产品"最早在国务院印发的《全国主体功能区规划的意见》中首次提出，是一个有

---

[1] 冯景：《基于生态与产业协同发展的乡村振兴机制研究——以甘南州为例》，《农村实用技术》2022年第5期。

着中国特色的概念，"乡村生态产品"由"生态产品"演化而来，乡村生态产品是汇聚着乡村居民劳动的绿色健康产品。建立健全乡村生态产品价值实现机制，对于我国生态文明建设的意义非凡。成熟的生态产品价值实现机制不光影响乡村经济的发展，对生态文明建设的总体推进、"三农"问题的解决、乡村振兴战略的全面推进，以及实现人与自然和谐共处都有着重要的意义。

生态产品价值实现是深入推进我国生态文明建设的重要抓手，是破解生态保护与经济发展矛盾的有力举措，目前正在从地方试点、区域探索进入全面铺开阶段。❶生态产品价值实现的核心在于以尊重自然、保护自然为基础，实现生态资源与经济、社会、文化、环境等多元要素融合。在自然资源的优势带动下，实现生态产品内在价值向生态、经济、社会价值的转化。

乡村生态产品价值实现面临困难的主要在于生态资源界定确权较难，生态产品提供服务与生态系统功能之间存在不衔接的地方，现有技术还无法将生态产品清晰地划分为交易单元，从而导致生态资源在产权界定上有着较大的不确定性。这样就容易导致使用在合同、契约上的生态经营权证贷款容易出现生态产品定义与界定、权责上的不统一。❷然而，乡村生态资源价值评估难也是一大问题，乡村生态系统的多样性带来乡村生态产品功能的多样性、价值的多维性与类型的复杂性，乡村生态产品的功能属性多样、供给数量和质量不同带来了价值评估上的问题。生态产品本身是公共物品，其获取成本没有统一的测算标准，侧面体现出公认价值评价体系缺失带来的问题。乡村生态产品需要在交易中实现价值，市场交易是乡村生态产品价值变现的重要途径。但是目前还没有针对乡村生态产品价值变现的配套政策，全国性政策尚未制定出来，地方性政策的局限性较大，生态补偿机制不到位等，都是导致乡村生态产品价值难以转化为经济价值的重要原因。

---

❶ 季燕霞：《以生态产品价值实现促进共同富裕》，《中国社会科学报》2022年12月27日第A08版。
❷ 杨波、潘福之、庞瑄：《广西生态产品价值实现路径》，《中国金融》2023年第5期。

（二）乡村生态产品价值实现机制建设实现路径

1.建立乡村生态产品价值核算体系

积极探索建立乡村生态产品价值核算体系，着力推进乡村生态产品的确权、量化、评估工作，努力解决价值核算概念不清晰、边界不明确、思路不统一等问题，建立相应的确权登记平台，进行自然资源统一确权登记，明确乡村生态产品权责归属。开展乡村生态产品基础信息调查，明确各类自然资源的权属、边界、面积，实现乡村土地承包经营权以及传统村落、林权的确权登记，构建分类合理、内容完善的自然资源资产产权体系。构建乡村生态产品现代信息化价值管理，实时监测价值动态变化。明确从生态系统提供的物质产品、调节服务产品、文化服务产品等方面进行核算，❶形成统一的乡村生态产品价值核算指标体系与统计体系。

2.建立乡村生态产品市场交易平台

乡村生态产品市场交易平台的建设是实现乡村生态产品价值的重要路径，交易平台的建设要完善市场进出与定价机制，及时公开乡村生态产品信息，建立与绿色金融的良性互动关系。建立多方协同的市场交易机制，把控进入交易的乡村生态产品质量，稳定市场交易的价格，促进乡村生态产品在良好的市场环境下达到价值实现的目的。在相关政策的指引下加快建设优质乡村生态产品品牌，实现乡村生态产品市场交易价值的进一步提升。利用信息化手段，收集在网络购物平台上的乡村生态产品交易数据，通过"大数据"分析，为乡村生态产品价值实现提供数据支持，有利于乡村生态产品走向标准化生产，推动乡村生态产品生产溯源的高效化与精准化。

3.金融支持乡村生态产品价值实现

乡村生态产品价值实现面临着资金配置问题和融资问题，现代金融的介入符合实现乡村生态产品价值的实际需要。金融在乡村生态产品价值实现中主要表现为三种形式。第一种为乡村生态产品市场主体提供融资保障。通过贷款、生态基金、生态债券等金融工具将社会资本引入乡村生态产品生产

---

❶ 刘奇：《积极探索生态产品价值实现路径》，《当代江西》2021年第6期。

与销售，为乡村生态产品的市场主体解决资金问题，进而充分参与并有效推动乡村生态产品价值的实现。第二种为助力乡村生态产品价值变现。乡村生态产品价值实现会有一系列存在于生态产品上可预期的未来现金流，它们的存在是稳定的，通过提供补偿收益质押贷款等形式，能够有效助力乡村生态产品未来价值的实现。第三种为推动乡村生态产品的价值增值。现代金融将为支付结算、产品质量保障带来便利，有利于消费者对乡村生态产品产生好感，实现乡村生态产品在价值上的增值。

健全乡村生态产品价值实现机制需要较长的时间，需要对有关生态、绿色发展的各个部分进行整体提升。在乡村生态产品价值实现机制建设过程中还要注意一些问题，如应对乡村生态产品价值实现过程中的自然风险防控问题，因为自然因素是生态产品价值实现的决定性因素，❶在生态产品价值实现过程中要高度重视并有效规避自然风险。除自然风险外，市场风险与经营风险也是不得不考虑的。

四、乡村生态补偿机制

生态补偿机制以保护生态环境、促进人与自然协调为目的，根据生态保护价值与成本之间的关系，综合运用行政、市场等手段，实现生态环境保护与保障利益群体之间的协调。生态补偿机制的原则可以概括为"谁受益谁补偿、谁保护谁受偿"，乡村生态补偿是生态文明建设参与主体的正当诉求，是生态文明建设公平性的价值要求，也是乡村生态文明建设迫切性的具体体现。❷生态补偿一般由各级政府或生态受益地区以资金补偿、政策补偿、实物补偿、项目补偿、技术补偿等方式向乡村生态保护地区购买生态产品，是以政府为主导的价值实现。

实现生态文明建设的公平是乡村生态补偿的直接原因，是实现我国生态文明建设取得更大发展的基础，但是目前生态补偿的实现还有很多困难。首先，乡村生态补偿的法律体系建设还不够健全，因为目前我国的生态补偿

---

❶ 谷树忠：《生态产品价值实现要加强风险防控》，《北京观察》2023 年第 5 期。
❷ 卓治国：《生态文明建设视阈下乡村生态补偿的应然价值、实然困境与必然路径》，《黑龙江工业学院学报（综合版）》2021 年第 10 期。

还处在探索阶段，有关部门还未制定适应生态补偿的详细法律法规，需要厘清享受乡村生态补偿的地区应该向提供生态补偿地区做哪些事、乡村生态补偿的主体确定、乡村生态补偿的资金来源等内容的规定。其次，乡村生态补偿治理主体协同性有待提高，补偿主体之间没有建立健全的合作机制，政府发挥乡村生态补偿的主体作用也带来了主体单一的问题，主体单一也就没有主体之间的协调，间接致使乡村生态补偿出现乏力现象。最后，乡村生态补偿的群众参与度较低，这一方面是由于乡村生态补偿无法直接转变为群众的利益，另一方面是因为群众对乡村生态文明建设的理解不够。

建设生态补偿机制有利于落实生态保护权责、调动各方参与生态保护积极性。一方面，要完善纵向生态保护补偿制度，增加重点生态功能区转移支付规模，在重点生态功能区转移支付中，参考生态保护红线、自然保护地面积占比等要素实施差异化补偿。补偿资金适当向发展中地区、环境恶化地区以及生态功能区倾斜，优先支持生态环境岌岌可危的乡村引进环保项目。另一方面，要完善横向生态保护补偿机制，要巩固跨省流域横向生态补偿机制试点成果，继续实施流域上下游横向生态保护补偿，深入实施区内流域上下游横向生态保护补偿。推动构建流域生态保护共建共享机制，有效支撑生态补偿资金流动与生态流动相对应，强化上游保护区与下游受益区、城市与乡村的联系。

目前，乡村生态补偿相关的法律体系还需要完善。这一法律体系要有宏观与微观两个层面的法律规范，这些法律规范还应该具有针对性、区域性。只有从法律层面厘清乡村生态补偿的主客体责任与权利，做好资金来源的规定，才能实现乡村生态补偿的公平正义。健全多元化的乡村生态补偿协同机制，需要按照"谁受益、谁补偿，谁污染、谁付费"的原则明确补偿主体，农业生产组织、生态种养殖农户加工企业承担提供生态服务和产品的义务，享有生态保护受偿的权利，因而成为生态补偿的客体。[1] 乡村生态补偿机制是系统性操作，具有内在的逻辑体系，乡村生态补偿治理主客体与环境及工具之间有着紧密的关联，政府要健全生态补偿协调机制，从宏观层面整

---

[1] 邹学荣、江金英、谭平：《乡村振兴战略下生态农业的生态补偿研究》，《创新》2018年第1期。

体把握，乡村生态补偿治理主体间要加强协调，增强环境治理的系统性，提高各参与要素的参与度。汇集各方力量，实现利益主体的利益维护，达到绿色生态共建共治，治理成果共享的目标。完善乡村生态补偿治理受众参与机制建设，乡村居民是乡村生态补偿的受众，他们的有效参与是补偿治理工作顺利开展的基础，一方面要培育乡村居民补偿治理的意识，另一方面要为参与补偿的受众提供相应的参与平台。鼓励成立补偿议事小组，共同商议补偿的方案。目前我国乡村生态补偿的主要资金来源是政府的财政一般性转移支付，需要进行补偿的多元化尝试，建立农业生态补偿资金筹集平台，拓宽资金渠道，实现多种补偿方式的融合，还可以通过生态农业产品服务与一般产品服务价差来实现补贴的目的。

生态补偿机制顺利实施的关键是监督。乡村生态补偿既是一个新问题且涉及终端监管与实施过程监控。要建立涉及乡村生产、生活全过程的环境生态评价指标体系与监控办法，在资金使用过程与成效方面加大监督管理，确保将补偿金用在刀刃上。

五、乡村生态考核机制

2015年9月，中共中央、国务院印发的《生态文明体制改革总体方案》明确要求完善生态文明绩效评价考核和责任追究制度。生态文明绩效考核的目的首先要明确生态文明建设目标任务完成的情况，并在考核的基础上进一步推进生态文明建设。因此，在乡村生态文明建设中也要明确相应的乡村生态考核机制。当下，生态文明建设绩效评价多采用指标现状值与目标值的差距作为判断依据。这种方法虽然涵盖比较全面，但是注重结果的导向往往忽视了评价区域与自身历史水平比较反映出来的进步程度及在同类地区平均水平所反映出来的先进程度。[1]考核体系多套并行，重复考核的情况较为常见，这显然不利于乡村生态考核。

第一，明确统一考核体系中的主体也是非常重要的一项内容，应该明确"谁来考"，乡村生态考核的主体主要可以分为乡村居民、政府主管部

---

[1] 汪涛、包存宽：《生态文明建设绩效评价要更精准》，《环境经济》2017年第C2期。

门、第三方专家与机构，这三大考核主体考核的结果都是了解乡村生态文明建设成效，以及推动乡村生态文明建设取得更大发展的参照依据，应该充分发挥这三大考核主体的优势，建立多主体协同的考核体系，发挥不同考核主体功能，实现生态考核的客观化。同时，统一的考核制度体系能够有效减少重复考核的可能，因此要整合优化多套考核并存的局面，统一乡村生态考核的指标体系，对不同的生态功能区要进行针对性的考核，达到完善考核的效果。

第二，夯实数据支撑。基础自然资源数据与生态环境数据这两种数据是客观评价乡村生态文明建设成效的基本依据，这两项数据的完善是一项系统性工程，涉及的领域较广、部门较多，政府可以通过上收自然资源和生态环境监测事权的手段提高获取基础数据的准确性与及时性。建设资源环境基础数据信息平台和网络，为客观评价、考核大气、地表水、土壤等生态环境提供坚实的监测数据支持。生态考核需要自然资源及生态环境的各方面数据，因此需要有效集成各类数据信息并把握其动态的变化发展趋势。搭建自然资源与生态环境数据信息平台是将各种数据进行有效汇总并进行关联分析的良好办法，在分析的基础上将这些信息作为乡村生态考核的基础数据。

第三，生态考核需要着力解决当前存在的各部门协同性不足问题，生态考核涉及多行业、多部门、多区域的协作配合，积极建立自然资源、统计、审计等部门的沟通、信息共享平台，促进各个部门之间的信息共享。

生态考核的目的是要在了解当前生态文明建设基础上实现更好的生态文明建设，因此生态考核结果的运用是一个重点内容，建立考核结果与官员任免、荣誉评选、奖励资金拨付等部分的关联，推动考核结果实现"能用、好用、管用"，深入解决生态文明建设问题。

六、乡村环境监督机制

乡村由于自然资源多样，容易受到一些利益群体的关注，一些人为了自身的利益，肆意破坏乡村的生态环境。近年来，随着乡村生态文明建设相关政策及法律的出台，乡村生态环境问题受到广泛的关注，建设并维持良好的乡村生态环境是实现良好乡村生态文明建设的前提，相关政策的落实对实现这一前提有很大帮助，因此需要建立乡村环境监督机制对乡村生态环境进行监督。

第一，应该加强政府部门对生态环境的监督，完善相应的法律法规，加强环保执法监管，坚决依法处置破坏生态、污染环境等突出问题，对各类环境违法违规行为"零容忍"，做到严格执法。严格落实乡镇企业环境保护责任，完善各领域环保信用监管机制，让造成环境污染与生态破坏的企业承担最大限度地责任。

第二，加大社会监督力度，积极接受舆论监督。各媒体平台要积极曝光环境污染事件，跟踪报道环境治理的情况，通过新闻向社会传达环境治理的成效。广大社会群众要积极向有关部门反映环境污染、生态破坏的问题，帮助相关部门及时发现破坏生态环境的行为，及时制止生态环境破坏的进一步发展。企业之间也要互相监督，坚决举报其他企业的环境污染与破坏生态行为。

第三章　绿色环境：乡村人居环境的整治提升

整治提升乡村人居环境是实施乡村振兴战略和建设美丽中国的重要组成部分，也是让乡村成为生态宜居美丽家园，进一步提升乡村居民的生活幸福感的必要路径。乡村人居环境的整治提升涉及多个方面，其中乡村住宅与道路的规划、乡村厕所革命的推进和乡村垃圾、污水与畜禽粪便的处理这几方面，是开展乡村人居环境整治提升的关键。因此，本章在综合介绍乡村人居环境现状和乡村人居环境整治的目标、内容等基础上，分节对上述内容进行详细探究。

第一节 乡村人居环境的现状

一、乡村人居环境的概念

吴良镛先生于 1993 年在中国科学院科学技术部大会上作题为《我国建设事业的今天和明天》的学术报告，该报告正式提出了"人居环境"，并定义为："人类的聚居生活的地方，是与人类生存活动密切相关的地表空间，它是人类在大自然中赖以生存的基地，是人类利用自然、改造自然的主要场所。"[1] 因此，结合对"乡村"的界定，可以简单将本研究语境中的"乡村人居环境"定义为：位于城镇以外的，以种植型农业为主要产业功能的人类聚居场所。

二、乡村人居环境的基本情况

（一）乡村人居环境的有机秩序开始退化

人居环境的秩序表达状态有呆板、紊乱与和谐等三种状态。呆板是过度的统一，令人低落厌倦；紊乱是过度的丰富，让人迷茫无措；只有和谐的秩序状态才处于统一与丰富的平衡，可称为"有机秩序"。

历经千百年传承的中国传统乡村同样具备"有机秩序"，而且是乡村人居环境的核心特征。中国传统乡村空间以农宅为主。

但是，中国自从进入转型期，特别是改革开放后，许多乡村的原生有机秩序逐渐退化，甚至面临着消失。这种退化大多是由村庄内部土地资源不恰当开发利用和以农宅为主的建筑新建活动造成的。

---

[1] 廖启鹏主编《景观设计概论》，武汉大学出版社，2016，第 14 页。

第一，村域格局秩序受损。虽然政府乃至社会各界对制定乡村山林、耕地、水体等自然环境各种保护规定的呼声日益强烈，但由于乡村规划依据及执行力欠缺、审批制度不健全等因素，加之私下违规建设农宅、厂房以及无节制地开发资源等现象，致使自然与人工和谐关系被破坏。

第二，宅群肌理秩序走样。农宅盲目扎堆、超常规建造，甚至随意搭建附属工厂作坊，打破了农宅之间原有的关于平面大小、间距等的相对均衡状态。与中、西部地区乡村比较而言，东部地区"土地经济"更加活跃，为经济利益肆意建造厂房或扩建住宅等，往往造成当地乡村严重的、不可逆的建筑肌理破坏，甚至危及村域格局秩序。

第三，农宅形制秩序异化。一些乡村居民攀比心理严重，建房无序竞争，加上监管不严，往往造成规模、组成和体量等特征失控，个别地区的农宅甚至建到六层以上高度、上千平方米规模，完全偏离乡土农宅的应有定位。形制秩序的局部退化若过于严重，还会影响到建筑群体的肌理秩序。

第四，建筑形式秩序紊乱。这是有机秩序失衡最普遍、最严重的表现。由于城乡间互动增加，城市现代建筑的造型、空间、结构、材料、色彩等元素渗入乡村，与本土发生局部、片面和不彻底的融合。

此外，当前许多乡村社区的微景观存在问题。由于缺乏设计营造、管理维护而显得脏乱，造成村落只可远观却难以亲近的尴尬境地。社区微景观更像是人居环境的细碎附件，它们的现状问题在客观上加重了乡村人居环境有机秩序的退化印象。

（二）乡村中的基础设施不完善

现在许多乡村还存在非常明显的基础设施不完善的功能。

乡村的道路、水电等状况虽有改善，但总体依然不足。特别在发展中地区的乡村，道路硬化、洁净自来水、足够容量且线路稳定的电力供应等问题均亟待改善。

另外，乡村地区的公共服务设施方面也较为欠缺。我国在传统社会时期，由于儒家意识形态作用，大部分村庄（或多个自然村群体）普遍拥有共同出资建造与维护的宗族祠堂，来作为村民公共聚会、议事、祭祀等集体活动场所。另外，在外为官经商的本村人在事业发达或告老以后，也总不忘为家乡修桥铺路、捐资办学。对共同祖先的崇敬以及叶落归根的朴素思想，让乡村内部形成了天然的凝聚力。外部资源不断被带回，本地人则尽心尽力维护，促成了乡村公共设施建设与更新的良性循环。但自20世纪初我国进入转型期后，这种循环迅速终止。直到改革开放前，乡村设施建设又主要以农田、水利等农业生产为导向。改革开放后，国家虽然加大对乡村公共服务设施的投入，但与城镇相比，教育、医疗、文娱、商业等公共服务设施缺失情况较普遍。

第二节　乡村人居环境整治的目标、内容与任务

乡村人居环境整治是实施乡村振兴战略的重点任务，是美丽乡村建设的重要内容，也是坚持农业乡村优先发展，贯彻习近平生态文明思想的重要体现。乡村人居环境整治可以充分、有效地改善乡村地区的生态环境，切实提高乡村地区的整体卫生水平，是促进乡村经济发展的重要举措。同时，乡村人居环境整治为生态宜居思想提供了具体的实现路径，能够有效提升乡村居民生活的获得感和幸福感，加快乡村居民精神文明与文化建设，进而促使乡村振兴战略的实施和人民美好生活目标的实现。总之，乡村人居环境整治具有重要意义。

一、乡村人居环境整治的目标

乡村人居环境整治，应以明显改善乡村人居环境为目标，实现村庄环境基本干净、整洁有序，村民环境与健康意识普遍增强。

（一）补齐乡村环境短板，促进乡村振兴

由于历史原因，我国人居环境发展水平很不平衡，乡村人居环境长期滞后于城市。乡村人居环境较差，导致许多乡村的年轻人并不愿意留在乡村

地区发展，许多人更愿意在城市打拼。人员不足，必将成为影响乡村地区经济发展的短板。因此，整治乡村人居环境，补齐乡村环境短板，让更多的乡村年轻群体愿意留在乡村发展，是促进乡村振兴的有效途径。

（二）满足人民对生态宜居环境的需求

如今，人民的期待已经从盼温饱到盼环保，从盼生存到盼生活、盼生态转变。多份调研显示，村民普遍渴望能喝上放心的自来水、污水可以得到管网化处理、厕所更加清洁、实现集中供暖等。可见，现有乡村人居环境质量还不能完全满足新时代乡村居民日益增长的对生态宜居环境的需求。要满足这一需求，就需要通过乡村人居环境整治来实现"七改七化"目标，即系统推进乡村改水、改厕、改厨、改圈、改院、改线、改习惯和环境净化、道路硬化、村庄绿化、乡村美化、乡村亮化、传承本土文化、保洁员专职化的整体实现。

（三）促进乡村经济提质增效

"绿水青山就是金山银山"。良好的生态环境可以说是乡村最大的优势和宝贵财富。整治乡村的人居环境，提升和改善乡村地区的基础设施建设，助推乡村第三产业可持续发展，使美丽乡村催生美丽经济，达到促进乡村经济提质增效的目的。

二、乡村人居环境整治的内容

乡村人居环境整治是乡村环境整治的核心内容，主要包括乡村空间重构、建筑风貌改造、基础设施提升、村景美化、夜景亮化、交通道路规划、乡村文化提升等方面。这些整治内容旨在构建风貌亮丽、设施完善、环境优美、农业形态良好的和谐农村生态社会系统，各地区要根据发展现状确定整治内容的重心。

（一）乡村空间重构

乡村空间分为生产空间、生活空间、交流空间、道德空间、商业空间等类型，各个空间都有自己的功能，与人们的生活密切相关。其中，生产空间是村民从事劳作的空间；生活空间是孩子们游戏和玩乐的公共空间，体现着小空间、大智慧的村落格局；交流空间，是乡村节日狂欢空间，是文化交流空间，是最暖心的人文空间；道德空间是秩序规范的建立空间，村规民约在这里形成；商业空间是村民进行贸易的公共空间，也是游客的聚集空间。

重构乡村空间，要求打造出高品质的乡村空间，为乡村居民提供良好的生活环境，同时结合乡村景观小品的设计建造，为乡村旅游业发展打造宜人的环境空间，为发展第三产业奠定基础。

（二）乡村建筑风貌改造

乡村建筑风貌改造是指对村庄建筑进行整合、评估，对不符合住房要求的建筑进行整顿、整治，统一建筑风格，展现当地建筑文化特色，使整个乡村的建筑形成特色风貌。

（三）乡村基础设施提升

乡村基础设施提升要推进配套的基础设施建设，包括乡村生活垃圾处理、厕所粪污治理、生活污水治理等方面的基础设施建设，要以第三产业发展为动力，两者相互促进，形成协同作用，进一步发展乡村配套及旅游业等。

（四）乡村景观美化

乡村景观美化，是开展乡村人居环境整治的重要内容。乡村景观美化包括在村内街道两侧、房前屋后统一栽植树木花草，统一挂置花草盆景等；对村内主街道两侧的墙壁实施美化，统一规范广告的绘制、悬挂和张贴，绘制文化墙、宣传标语和公共标志。

（五）乡村夜景改善

乡村夜景改善包括改造乡村地区的路灯等照明设施；改善村内主街道夜晚的照明情况；对现有的照明设备进行节能改造；节约电力资源等。

（六）促进乡村文化提升

实现乡村振兴，发展、弘扬乡村文化是重中之重。因此，乡村人居环境整治也要重视基层乡村文化建设，让文化助力美丽乡村建设。具体的可行措施有：在乡村地区建立阅读室等文化活动室，提高广大乡村居民的文化素养，丰富乡村居民的文化生活，满足乡村居民的文化需求，焕发乡村文明新气象。

三、乡村人居环境整治的任务

乡村人居环境整治需要完成多项任务，这些任务涉及多个方面，具体如下。

（一）提升乡村生活垃圾治理水平

乡村人居环境整治要求提升乡村生活垃圾治理水平，具体需要统筹考虑生活垃圾和农业生产废弃物的利用与处理，建立健全符合农村实际、方式多样的生活垃圾收运处置体系。有条件的地区要推行适合农村特点的垃圾就地分类和资源化利用方式。

（二）做好厕所粪污治理工作

东部地区、中西部城市近郊区以及其他环境容量较小地区村庄，加快推进户用卫生厕所建设和改造，同步实施厕所粪污治理。其他地区要按照群众接受、经济适用、维护方便、不污染公共水体的要求，普及不同水平的卫生厕所。引导农村新建住房配套建设无害化卫生厕所，人口规模较大村庄配套建设公共厕所。加强改厕与农村生活污水治理的有效衔接。鼓励各地结合实际，一并处理并资源化利用厕所粪污、畜禽养殖废弃物。

（三）促进乡村生活污水治理

乡村的生活污水是影响人居环境的重要因素，促进生活污水的治理刻不容缓。应当根据乡村不同区位条件、村庄人口聚集程度、污水产生规模，因地制宜地采用污染治理与资源利用相结合、工程措施与生态措施相结合、集中与分散相结合的建设模式和处理工艺。推动城镇污水管网向周边村庄延伸覆盖。积极推广低成本、低能耗、易维护、高效率的污水处理技术，鼓励采用生态处理工艺。加强生活污水源头减量和尾水回收利用。

（四）改善村容村貌

村庄的面貌是衡量当地民居环境优劣情况的重要指标，它可以直观反映当地民居环境。整治乡村人居环境不能忽略对村容村貌的改善，要加快推进通村组道路及入户道路建设，基本解决村内道路泥泞、村民出行不便等问题。充分利用本地资源，因地制宜选择路面材料。整治公共空间和庭院环境，消除私搭乱建、乱堆乱放。大力提升农村建筑风貌，突出乡土特色和地域民族特点。加大传统村落民居和历史文化名村名镇保护力度，弘扬传统农耕文化，提升田园风光品质。推进村庄绿化，充分利用闲置土地组织开展植树造林、湿地恢复等活动，建设绿色生态村庄。完善村庄公共照明设施。

（五）加强村庄规划管理

加强村庄规划管理，有利于实现全村的长远发展。具体来说，包括以下几点：全面完成县域乡村建设规划编制或修编，与县乡土地利用总体规划、土地整治规划、村土地利用规划、农村社区建设规划等充分衔接，鼓励推行多规合一。推进实用性村庄规划编制实施，做到农房建设有规划管理、行政村有村庄整治安排、生产生活空间合理分离，优化村庄功能布局，实现村庄规划管理基本覆盖。推行政府组织领导、村委会发挥主体作用、技术单位指导的村庄规划编制机制。村庄规划的主要内容应纳入村规民约。加强乡村建设规划许可管理，建立健全违法用地和建设查处机制。

乡村人居环境整治工作是要对乡村进行合理的规划管理，包括土地安排、乡村社区统一规划等，实现总体规划、多规合一。在村庄进行规划时，要注重房屋建设有规划，生活空间合理安排，推进村庄功能优化布局，推行政府组织领导、技术部门指导、村委会发挥主体作用的规划机制，加强乡村统一合理规划。村庄区域发展过程的功能定位，对村庄规划工作的全局性和系统性提出了要求。村庄类型多种多样，要立足不同村庄的历史文化特色和自然资源禀赋，对村庄整体进行统筹安排，制定契合村庄的未来发展方向，贴合实际生活、生产和生态的乡村空间方案。

（六）完善建设和管护机制

要保障乡村的有序建设和发展，应当完善相应的建设和管护机制。明确地方党委和政府以及有关部门、运行管理单位责任，基本建立有制度、有标准、有队伍、有经费、有监督的村庄人居环境管护长效机制。鼓励专业化、市场化建设和运行管护，有条件的地区推行城乡垃圾污水处理统一规划、统一建设、统一运行、统一管理。

总之，乡村人居环境的整治是一项长期任务，需要从多个方面做好整治工作，才能完成任务，实现目标。

第三节 乡村住宅与道路的规划

一、乡村住宅的规划

为乡村居民创造良好的居住环境，是美丽乡村规划的目标之一。为此，必须选择合适的用地，处理好与其他功能用地的关系，确定组织结构，配置相应的服务设施，同时注意环保，做好绿化规划，使乡村具有良好的生态环境。

乡村住宅规划的理念应体现出人、自然与技术内涵的结合，强调乡村住宅的主体性、社会性、生态性及现代性。

（一）乡村住宅的主要类型

乡村住宅是组成乡村居民点的基本单位。乡村住宅的类型可以归纳为三类。

1. 不带院的独立式住宅

这种住宅不带院，只是在村庄中呈一字型或行列式排列，其宅基地包括住宅的建筑面积和周围的间距空间。这种类型的住宅形成的村庄排列紧凑，用地节省，可以是一栋多户的平房，也可以是楼房。缺点是缺少放置柴草和杂物的地方，房前、屋后没有小菜园，生活不太方便。在土地不多的山区或邻近集镇的地方，为节约用地常应用这种类型。

2. 院落式住宅

这种住宅多以墙围成一个院落，院中有正房和厢房之分，中间是天井，还有些门廊。院落可以独立出现，也可以毗连几个院落。若将若干个院落毗连起来，就形成一条胡同式的住宅群。这种类型住宅的主要缺点是院落中有些用房朝向不好，又由于天井不大，正房的光线不足。它的优点是建筑密度高，充分利用空间，院落用建筑与墙围成圈，把居住环境同外界隔开，使居民有一个独立安静的居住环境，起到防风固沙的作用。

3. 庭院式住宅

庭院就是指除住宅外还有前庭、后院，它包括一个家务院，即用以种植零星蔬菜、果木以及布置一些专用设施，如猪圈、禽圈、厕所等。庭院四周用矮墙或篱笆做成围障，形成院落，成为一个住宅单位。

（二）乡村居住用地的布置方式和组织

美丽乡村居住用地的布置一般有两种方式。

1. 集中布置

乡村的规模一般不大，在有足够的用地且用地范围内无人为或自然障碍时，常采用这种方式。集中布置方式可节约建设的投资，方便乡村各组成部分在空间上的联系。

2. 分散布置

若居住用地受到自然条件限制，或因工业、交通等设施分布的需要，或因农田保护的需要，则可采用居住用地分散布置的方式。这种方式多见于复杂地形、地区的乡村。

乡村由于人口规模较小，居住用地的组织结构层次不可能像城市那样分明。因此，乡村居住用地的组织原则是服从乡村总体的功能结构和综合效益的要求，内部构成同时体现居住的效能和秩序；居住用地组织应结合道路系统的组织，考虑公共设施配置与分布的经济合理性，以及居民生活的方便性；符合乡村居民居住行为的特点和活动规律，兼顾乡村居民的生活方式；适应乡村行政管理系统的特点，满足不同类型居民的使用要求。

（三）乡村住宅规划的基本要求

1. 满足居民的空间需求

乡村住宅规划应满足居民的空间需求，不仅需要生活空间满足生活需求，还需要生产空间满足生产需求。乡村住宅规划应考虑家庭结构和工作性质，乡村居民家庭结构呈现多元化，存在多代同堂的情况。乡村住宅规划应该满足居民对不同功能空间的需求，如一般农业种植户常兼营家庭养殖的副业，住宅除生活空间外还需配置家畜养殖、粮食晾晒及储藏等空间；而完全脱离农业生产的企业职工户，一般只需要包括卧室、厨房、卫生间等在内的基本功能空间和包括书房、车库等在内的附加空间。

2. 合理选择建筑类型

乡村住宅规划应根据主导产业特点选择相应的建筑类型，以第一产业为主的村庄，以独院式住宅、联排住宅为主；以第二、三产业为主的村庄，应积极引导建设多层公寓式住宅，限制建设独立式住宅；旅游型村庄则应考虑旅游接待需求。

3. 规划应推陈出新

乡村住宅建筑风貌规划应在优秀传统做法的基础上进行创新和优化，创造出简洁、大方且符合乡村特点、体现地方特色形象的建筑。乡村住宅规划应保护具有历史文化价值和传统风貌的建筑，并使其与周边环境相协调。

4. 重点考虑舒适实用性

乡村住宅规划应重点考虑舒适实用性，尊重村民的生活习惯和生产特点，考虑村民的经济承受能力，遵循适用、经济、安全、美观的原则建设节能省地型住宅。进行住宅规划的同时应注重加强引导卫生、舒适、节约的生活方式。

（四）乡村住宅规划要点

根据乡村住宅类型多样、住宅人数偏多、住户结构复杂等特点，住宅设计重点应落在功能布局上。应注意以下几个方面。

1. 合理配置房间

根据常住户的规模，分为一代户、两代户、三代户及四代户。一般两代户与三代户较多，人口多为3～6口人。这样，基本功能空间就要有门斗、起居室、餐厅、卧室、厨房、浴室、厕所、贮藏室，并且还应有附加的杂屋、晒台等功能区，套型应为一户一套或一户两套。

房间的规划要综合考虑家庭成员的年龄情况。一般情况下，5岁以上的儿童应与父母分寝；7岁以上的异性儿童应分寝；10岁以上的异性少儿应分室；16岁以上的青少年应有自己的专用卧室。

当家庭人口为3～4口人时，一般应设2～3个卧室；当为4～6口人时，应设3～6个卧室。❶

2. 将生产区与生活区分开

乡村住宅的规划要注意确保生产区和生活区分离。凡是对人居生活有影响的，均要拒于住宅乃至住区以外，确保家居环境不受污染。

3. 进行内外区分

乡村住宅由户内到户外，必须有一个更衣换鞋的户内外过渡空间。并且客厅、客房及客流路线应尽量避开家庭内部的生活领域。

4. 进行"公""私"区分

在一个家庭住宅中，所谓"公"，就是全家人共同活动的空间，如客

---

❶ 王春平、张建伟、蒋先文主编《农村人居环境整治》，中国农业科学技术出版社，2021，第18页。

厅；所谓"私"，就是每个人的卧室。"公""私"区分，就是公共活动的起居室、餐厅、过道等，应与私密性强的卧室相分离。在这种情况下，基本上就做到了"静"与"动"的区分。

二、乡村道路的规划

（一）乡村道路的主要类型

乡村道路是相对于城市道路、高速公路、省道国道而言的。乡村所辖地域范围内的道路按照主要功能和使用特点，可划分为村内道路和农田道路。

1.村内道路

村内道路是乡村道路系统的骨架和交通动脉。乡村村内道路可分为通向乡镇、通向行政村的公路，乡村内部交通联系村道和接通各院落住宅门前小路等，其中通向乡镇的道路又可细分为三种类型，一种是由县城通向乡镇的公路，一种是乡镇连接乡镇的公路，还有一种是乡镇向通行政村的公路。

2.农田道路

农田道路是连接村庄与农田、农田与农田之间的道路网络系统，主要服务农民、农业生产机械进入农田从事农事活动，以及农产品的运输活动。

对农田道路进行规划时，主要分机耕道和生产路。在机耕道中，又分为干道和支道。

（二）乡村道路的基本特点

从乡村道路的路线、等级和养护角度分析，由于乡村居民住宅相对分散，为满足将道路延伸到户的要求，乡村道路网一般纵横交错，具有路线多、覆盖面宽的特点。从等级上看，由于乡村道路主要服务对象是乡村居民的生产和生活，道路的通达性是优先考虑选项，所以乡村道路等级往往较低，以四级公路以下为主。从养护难度上看，乡村道路数量繁多，分布特别广泛，所连通地区的自然环境、经济社会条件及发展水平差异比较大，导致乡村道路修建后养护所需的人力、财力投入较大，而目前乡村尚无相应的管理部门和资金支持，乡村道路养护难度很大。

（三）乡村道路规划要求

随着乡村经济的发展，乡村居民收入水平的提高，乡村私家车数量不断增加，原有乡村道路已不能满足日益增加的通行荷载需求，迫切需要进行加固或新建。而乡村道路建设规划在乡村建设中的位置和作用非常重要，是乡村全域规划内容的主要组成部分，对乡村其他用地类型（如河道水系、公共广场、院落住宅和农业种植等）的规划具有重要参考价值。

由于乡村道路建设缺失整体规划，大多数乡村地区道路建设随意性较大，很少考虑乡村文化、民俗、水土气候及植被等因素。加固翻新道路时往往会破坏道路两旁的树木、草地等自然植被；完全新建道路时，由于需要占用其他用地类型，如耕地、林地等，对乡村自然生态的破坏程度很大。因此，乡村道路建设规划应坚持以下必要原则。

1. 尊重地形地质

一般而言，乡村原有道路路线均是依据当地的地形地势，经受住地质变化考验，长期积累形成的。因此，乡村道路建设规划时应尽量选择原有乡村道路路线，新建道路的规划也应该按照当地地形变化和地质条件进行。

2. 保护自然植被

乡村道路建设规划应该充分考虑道路所经区域周边自然植被因素，确保开发建设时干扰破坏最小化，以保护乡村自然植被、保持自然生态与乡村发展的平衡。

3. 提高行车安全性

为防止行车事故的发生，汽车专用公路和一般公路中的二、三级公路不宜从村庄中心穿过；连接车站、码头、工厂、仓库等以货运为主的道路，不应穿越村庄公共中心地段。农村内的建筑物距公路两侧不应小于30米；位于文化娱乐、商业服务等大型公共建筑前的路段，应规划人流集散场地、绿地和停车场。

4. 合理规划道路网走向

道路网规划指的是在交通规划的基础上，对道路网的干、支道路的路线位置、技术等级、方案比较、投资效益和实现期限测算等的系统规划工作。河网地区的道路，宜平行或垂直于河道布局。跨越河道的桥梁，则应满足通航净空的要求；山区乡村的主要道路宜平行等高线设置，并能满足山洪的泄流；在地形起伏较大的乡村，应视地面自然坡度大小，对道路的横断面组合做出经济、合理的安排，并且主干道走向宜与等高线接近于平行布置。

5. 尽量避免占地、拆迁

乡村道路建设规划时应尽量少地涉及农田、林地等农业或林业用地，以保护土地资源；尽量少地涉及农户住宅，减少对农户住宅的干扰，避免村庄聚落布局受到破坏。

6. 减少对河道水系的干扰

乡村河道水系承载着乡村生活和生产用水的水量和水质安全，环境敏感性较高。因此，乡村道路建设规划时应该尽量避免紧邻河道水系，以免在建设和通行使用过程中对乡村河道水系造成污染、破坏。

7. 科学规划道路网形式

在规划道路网时，道路网节点上相交的道路条数不得超过5条；道路垂直相交的最小夹角不应小于45°。道路网形式一般分为方格网式、环形放射式、自由式和混合式四类。

8. 消减径流量和污染物

乡村道路建设必然导致原本道路自然状态的改变。新建乡村道路等级提高，交通状态发生变化，机动车数量增加，这些必然导致路面污染物含量的增加。降雨时，形成的路面径流未经处理直接流入乡村道路周边农田、河流或裸露的土壤，都将对乡村自然生态环境造成污染。另外，新建乡村道路目前多以不透水混凝土或沥青道路为主，不透水表面增加，路面径流形成时间大大缩短，一旦遇到降雨强度和降雨量均较大的降雨事件，极易引发道路边坡土壤的冲刷侵蚀，危害道路周边环境安全。

因此，乡村道路规划应充分考虑新建乡村道路可能带来的路面径流水量和径流污染物的增加。对道路边坡进行植被化，避免边坡存在裸露土壤，利用边坡植被对降雨路面径流污染物进行截留，保护边坡免受径流冲刷侵蚀；利用透水材料建设乡村道路，截留部分路面径流水量。

9.考虑经济成本

随着建造工程材料研究的深入，道路建设材料的可选择性扩大，如河道淤泥、建造垃圾等，均可作为透水路面基层骨料成分，既能大大减少乡村道路建设的成本，也使得新建道路具备透水性功能，降低了乡村道路的硬质化程度。

第四节　农村厕所革命的推进

我国是农业大国，而广大乡村是我国社会的基本组织形式。推进我国的"厕所革命"，重点与难点在广大农村。2018年12月25日，中央农办、农业农村部、国家卫生健康委、住房城乡建设部、文化和旅游部、国家发展改革委、财政部、生态环境部八部门联合发布《关于推进农村"厕所革命"专项行动的指导意见》，明确提出，各地要顺应农民群众对美好生活的向往，把农村"厕所革命"作为改善农村人居环境、促进民生事业发展的重要举措，以小厕所促进社会文明大进步。

以习近平新时代中国特色社会主义思想为指导，深入贯彻习近平总书记关于"厕所革命"重要指示批示，牢固树立新发展理念，按照"有序推进、整体提升、建管并重、长效运行"的基本思路，先试点示范、后面上推广、再整体提升，推动农村厕所建设标准化、管理规范化、运维市场化、监督社会化，引导乡村居民养成良好如厕和卫生习惯，切实增强乡村居民的获得感和幸福感。

一、推进农村厕所革命的意义

厕所革命是农村环境卫生设施改善的重点内容之一,也是世界卫生组织初级卫生保健的八大要素之一。截至目前,我国的农村改厕工作取得了很大的成绩,显示了良好的社会效益。具体来说,推进农村厕所革命具有以下意义。

(一)改善民生

农村"厕所革命"关系到亿万乡村居民生活品质的改善,是最大、最直接、最现实的民生工程,也是推进乡村人居环境整治、实施乡村振兴战略不容忽视的环节。

(二)改善乡村人居环境

说起农村厕所,大多数人的第一感受是肮脏,尤其是未经任何无害化处理的旱厕,简陋、污水横流、臭味难闻,粪便直接排放污染水源、破坏环境,与人民群众日益增长的对美好环境的向往不相符。

(三)带来卫生效益

改厕主要的卫生效益是消除粪便污染,减少肠道传染病和寄生虫病。改厕是一项健康投资,其效益在宏观上是改造不利于人类健康的生活环境,减少严重的肠道传染病和寄生虫病,保护劳动力健康,在微观上对于乡村居民而言是节省因病医药费支出。

二、农村厕所革命的思路

结合实际情况来看,推进我国的农村厕所革命,应当遵循"建—管—用"的思路。三者齐头并进、相辅相成才能如期达到农村厕所革命目标。"建好"是前提,"管好"是重点,"用好"是关键。三者相辅相成,缺一不可。

(一)建好乡村厕所

建好乡村厕所,是指为乡村厕所创造一个良好的基础设施。它涵盖厕所的规划、设计,以及新产品、新技术、新材料在厕所里的运用。创建一个安全、健康、舒适、符合人性化的乡村如厕环境,对于乡村居民来说尤为重要。在建设理念上,应当遵循规划便民化、建设装配化、能源节约化、管理标准化、标识统一化、使用智能化、运营商业化、服务人性化"八化原则",保障乡村公厕良性可持续发展的需要。

(二)管好乡村厕所

管好乡村厕所,就是指通过一定的产品、技术、手段让乡村厕所长时间保持良好的安全、舒适、健康的环境。包括政府相关部门出台一系列的政策、法规,规范厕所行业的运维及管理。它涵盖厕所管理者对厕所的管护、使用者对厕所的爱护。构建乡村厕所管理和维护机制的运行机制,以乡镇为单位与运行企业签订政府购买服务协议,运行企业在每个乡镇设立厕所管护服务站,在每个村设立兼职厕所管护员。管护机制常态化运行后,鼓励以乡镇或村为单位建立自己的专业队伍,提供专业服务,逐步实现自我运行与厕所维护服务。

一个舒适、卫生和环保的乡村厕所需要多种技术的集成。我们看得见的是粪便不暴露,厕室内无臭无味,个人隐私得到良好保护。我们看不见的是粪污的后续处理,包括收集、运输、处理,工人无接触。此外,还有对环境友好的排放要求。其重点是政府、村委会、企业、乡村居民等四方力量如何共担费用,以及在管护服务如何运行、检查考核如何实施、绩效奖惩如何挂钩等问题上形成制度约束,用健全、长效的机制保证改厕与管护一体化稳定运行。

(三)用好乡村厕所

推进农村厕所革命,仅仅是建好厕所、管好厕所还远远不够,关键是用好厕所,养成良好的如厕文明习惯,全面提升乡村村民的厕所卫生文化素养。

随着人们生活条件的改善和健康水平的提高，厕所与人的关系越来越多元化，其不仅是关乎最基本的生理需求和健康需求的设施，更体现着人们的生活水平以及实现和维护个人尊严的主观要求。只有我国乡村居民的厕所卫生文化素养得到提高，乡村生活环境、自然环境和人文面貌才能彻底改变，村民才能真正地树立起全方位的自信，享受到应有的尊严。厕所卫生文化素养的提高，关系到农村厕所革命的推进与实现。而要提升乡村居民的厕所卫生文化素养，就需要在全社会大力倡导文明如厕，形成健康文明的厕所文化氛围。

综上所述，乡村"厕所革命"将孕育一场乡村生产和生活方式的重大变革，是彻底改变我国乡村环境和人文面貌的重大民生工程。各地区的乡村干部与群众要以此为契机，统一理念与认识，创新思维，让各级政府部门、社会各界和普通民众都能深刻理解乡村厕所与文明、卫生、生态环保和健康的关系。

三、乡村厕所改革中存在的问题

乡村厕所改革不是一蹴而就的事情，在厕所改革中出现许多的问题。具体如下。

（一）用于改厕的财政资金投入不足

乡村厕所改革存在财政资金投入不足的问题，具体表现在两个方面。

1.当地政府资金安排不及时

地方财力有限或重视不够，改厕资金主要源于农村居民自筹，实施起来困难较大，质量也难以保证。有些偏远、贫困地区，即使在有中央补助资金的情况下，由于厕所造价较高，地方财力依然不足，开展改厕工作进度慢，质量难以保证。

2.地方培训督导经费不到位

在一些地方只提供了建设经费，缺乏工作经费，导致督导和培训工作难以开展，影响了改厕的进度和质量，影响了具体工作部门和人员的积极性。在基层和贫困的地方，这种影响更为明显，造成了越是贫困的地方改厕工作开展越困难。

（二）改厕相关部门的组织协调上存在问题

改厕相关部门之间协调不够，虽然由农业农村部牵头负责组织了农村改厕，但农业农村部门的沼气能源建设、住建部门的新农村建设和危房改造、环保部门的污水治理等，也在通过各自的途径推进农村改厕工作。

由于部门之间的协调存在问题，造成信息交流不及时，一些地区出现了重复投资建设、适用标准不一致的情况，影响了改厕的整体效益。地方规划缺乏统筹，局部农村地区的改厕规划和实施与当地宏观经济发展规划没有衔接，出现刚改厕不久就从农村变为城区，从散落的村寨变为集中联排居住区，进行整体搬迁等情况，使建好的卫生厕所被废弃、拆掉；或是村民翻盖新房，建造不久的卫生厕所便被毁损或弃用，造成资源浪费。

（三）改厕的相关技术还需完善

现有的技术类型难以满足广泛的应用，《农村户厕卫生规范》中推荐的六种无害化厕所类型适用于我国大部分地区，但在某些地区由于特殊的地理气候条件或使用习惯，仍存在一些技术瓶颈目前还无法完全解决，或解决起来难度大，应用存在一定的局限性。

（四）改厕宣传倡导力度不足

许多乡村地区改厕的宣传倡导力度不足，导致部分乡村村民缺乏改厕的积极性和主动性，也不清楚怎样进行厕所的维护管理。

人们对粪便传播疾病的严重性和卫生厕所对保护健康的意义认识不足，导致乡村村民缺乏改厕积极性和主动性。例如，在贫困、偏远地区仍有不少村民没听说过卫生厕所，不知道怎样去改厕，也没有改厕的需求；或虽然希望厕所干净卫生，但简陋厕所世代相传，并不渴望改善；一些经济条件较好的家庭即便盖起了楼房，但仍习惯使用老旧厕所，或新建了粪便暴露的坑厕，这主要是由于传统的不良卫生习惯和观念根深蒂固，难以改变。

由于对厕所的维护管理缺乏宣传指导，导致许多乡村村民尽管使用上了卫生厕所，但未及时清理、维护，造成卫生厕所不卫生。

（五）各乡村地区改厕工作发展失衡

各乡村地区的改厕工作进度差距较大。全国卫生厕所普及率较高的省份基本上是沿海、经济较发达的地区，已基本实现了卫生厕所的全覆盖；西部地区大部分则低于全国平均水平，尤其是偏远、贫困地区甚至存在改厕盲区，或根本没听说过改厕。

改厕质量差别明显。在经济较发达的地区，许多地方出现了家庭厕所入室，建成了具有洗手和洗浴功能的真正意义的卫生间，建设了多种形式的小城镇集中污水处理厂；在经济不发达、自然条件较差的地区，改厕质量相对较差。例如，在西北和东北地区，常见通风改良厕所、深坑厕所，粪便未达到无害化。

（六）城镇化带来新的厕所管理问题

乡村地区的城镇化导致许多外来人口进入乡村地区。大量外来人员的涌入，明显地增加了厕所和环境卫生的建设和管理难度，尤其是城中村的出现使环境卫生问题更加严重。城镇化也导致农村从事农业的人口减少，人们不再使用粪肥种田，增加了粪便处理难度和处理成本。农村空心化，户籍人口与常住人口数量相差太大，有些农户常年不在家住，但还在村里留有庭院，不改留有死角，改了不用造成浪费，并且他们对农村改厕也缺乏积极性，造成改厕的规划和实施困难。

（七）乡村公改厕造存在问题

大多数乡村的村委会、卫生院、学校幼儿园基本上都还没有完成公改厕造工作，仍旧使用传统的旱厕，因缺少人员管护，厕所卫生状况很差，不仅直接影响环境质量，也影响群众的健康。由于缺少相应的政府项目资金支持，极大地影响了农村形象以及群众的生活品质。

还有一些乡村集市、交通要道边的村、旅游区等，即便建设了公厕，但由于建造技术不合理、管理维护不到位、卫生状况较差、北方冬季缺乏防冻措施等原因，许多公厕难以正常使用，或直接关闭不提供使用。

四、推进农村厕所革命的措施

（一）加强组织领导和资金支持

1. 加强组织领导

进一步健全中央部署、省负总责、县抓落实的工作推进机制，强化上下联动、协同配合。省级党委政府负总责，把农村改厕列入重要议事日程，明确牵头责任部门，强化组织和政策保障，做好监督考核，建立部门间工作协调推进机制。强化市县主体责任，做好方案制订、项目落实、资金筹措、推进实施、运行管护等工作。

2. 加大资金支持

各级财政部门采取以奖代补、先建后补等方式，引导农民自愿改厕，支持整村推进农村改厕，重点支持厕所改造、后续管护维修、粪污无害化处理和资源化利用等，加大对中西部和困难地区的支持力度，优先支持乡村旅游地区的旅游厕所和农家乐户厕建设改造。进一步明确地方财政支出责任，鼓励地方以县为单位，统筹安排与农村改厕相关的项目资金，集中推进农村改厕工作。

（二）全面明晰当前改厕实际情况

深入开展调查研究，了解农村厕所建设、管理维护、使用满意度等情况，及时查找问题，及时跟踪农民群众对厕所建设改造的新认识与新需求。以县域为单位，摸清农村户用厕所、公共厕所、旅游厕所的数量、布点、模式等信息。

（三）因地制宜编制改厕方案

农村改厕要综合考虑各地的地理环境、气候条件、经济水平与农民生产生活习惯等因素，结合乡村振兴、脱贫攻坚、改善农村人居环境等规划，按照村庄类型，突出乡村优势特色，体现农村风土人情，因地制宜逐项编制、论证农村"厕所革命"专项实施方案，改厕方案应该明确年度任务、资金安排、保障措施等。

（四）打造、推广乡村改厕示范案例

鼓励和支持整村推进农村"厕所革命"示范建设，坚持"整村推进、分类示范、自愿申报、先建后验、以奖代补"的原则，有序推进，树立一批农村卫生厕所建设示范县、示范村，分阶段、分批次滚动推进，以点带面、积累经验、形成规范。

（五）强化改厕相关技术支撑

鼓励企业、科研院校研发符合农村实际、经济实惠、老百姓乐见乐用的卫生厕所新技术、新产品。在厕所建设材料、无害化处理、除臭杀菌、智能管理、粪污回收利用等技术方面，加大科技攻关力度。强化技术推广应用，组织开展多种形式的农村卫生厕所新技术、新产品展示交流活动。鼓励各地利用信息技术，对改厕户信息、施工过程、产品质量、检查验收等环节进行全程监督，对公共厕所、旅游厕所实行定位和信息发布。

（六）强化改厕的监督与奖励

每年组织开展包括农村改厕在内的农村人居环境整治工作评估，把地方落实情况向党中央、国务院报告。将农村改厕问题纳入生态环境保护督察检查范畴。建立群众监督机制，通过设立举报电话、举报信箱等方式，接受群众和社会的监督。

落实国务院督查激励措施，对开展包括农村改厕在内的农村人居环境整治成效明显的县（市、区、旗），在分配年度中央财政资金时予以适当倾斜。

第五节　乡村垃圾、污水与畜禽粪便的处理

一、乡村垃圾的处理

（一）乡村垃圾的类型

根据处理和处置方式或者资源化回收利用的可能性，可将生活垃圾进行简易分类，这种分类标准和种类并不统一，可根据地区差异有所差别。如可分为可回收物、厨余垃圾、有害垃圾和其他垃圾等。

1. 可回收物

可回收物是指再生利用价值较高，能进入回收渠道的垃圾。无论是对于社会还是对于个人而言，可回收物都具有非常重大的意义。可回收物从技术层面避免了"增长的极限"。"增长的极限"指的是资源迅速消耗导致食物及医药匮乏，死亡率上升，人口增长达到极限。而可回收物的存在使资源可反复利用，从根源上避免了这一情况的发生。可回收物延长了材料使用寿命，减小了资源压力。

在自然资源、生活资源日益珍贵的今天，这对可持续发展意义重大。对可回收物进行重复利用，还能减少对土壤、水资源、空气的污染，对环境保护起到积极促进作用。

生活中常见的可回收物包括以下几类。

（1）玻璃制品类

玻璃制品类包括玻璃酒瓶、调料瓶、玻璃杯、玻璃碴、窗户玻璃、车窗玻璃、平板玻璃、玻璃工艺品、酒罐、药罐等。

（2）塑料类

塑料类包括塑料瓶（装有矿泉水、饮料、酱油、食用油、沙司、洗洁精、洗发露、沐浴露、护肤品的塑料容器）、标有循环回收标志的塑料制

品、商品的容器、透明的托盘或包装物、方便面袋、牙膏管、洗面奶管、网眼口袋、超市购物袋、玩具、垃圾桶、塑料箱、塑料筐、塑料盆、塑料桌椅、吸管、一次性纸杯、雨衣、水桶、文具等。

（3）纸制品类

纸制品类包括报纸、宣传单、书刊、包装纸盒、信纸、纸箱、干净牛奶盒、办公用纸、杂志、广告纸、目录册等。

（4）纺织类

纺织类包括干净旧衣服、窗帘、床上用品、布包、干净袜子、毛巾、浴巾、领带、针织手套、丝绸制品、皮带、旧书包、旧手提包、旧鞋子、旧玩偶、旧帽子等。

（5）金属类

金属类包括金属烹饪用具、铝饮料罐、菜刀、剪刀、金属玩具、金属画框、刀片、金属配件、金属工具、金属罐、金属钥匙扣、指甲剪、铁管、铁板、铁棒、保险箱、厚铝制品、伞骨架、煤气灶、榔头、图钉、铁罐、金属打气筒、钉子螺丝等小件金属、金属盘子、铁锹、食品罐头盒、废锁头等。

（6）废旧家电、电子产品类

废旧家电、电子产品类包括烤箱、烤炉、微波炉、豆浆机、电饼铛、搅拌机、净水器、手机、电脑、相机、摄像头、游戏机、随身听、遥控器、U盘、电路板、电线、插座等。

（7）废木类

小型木制品包括积木、砧板、杯子、木梳等。

2.厨余垃圾

厨余垃圾是指居民在日常生活及食品加工、饮食服务、单位供餐等活动中产生的垃圾，包括丢弃不用的菜叶、剩菜、剩饭、果皮、蛋壳、茶渣、骨头等。

厨余垃圾主要分为家庭厨余垃圾、餐厨垃圾、其他厨余垃圾，包括家庭、相关单位食堂、宾馆、饭店、农贸市场、农产品批发市场等产生的厨余垃圾。

3.有害垃圾

有害垃圾是指对人体健康和自然环境造成直接或潜在危害的生活废弃物。居民生活垃圾中的有害垃圾包括电池类、含汞类、废药品类、废油漆类、废农药类。

（1）医疗垃圾

医疗垃圾具有传染性、病理性、损伤性、药物性、化学性废物。这些废物中含有大量的细菌性病毒，而且有一定的空间污染、急性病毒传染和潜伏性传染的特征。如果不加强管理、随意丢弃，任其混入生活垃圾，流散到人们生活环境中，就会污染大气、水源、土地以及动植物，造成疾病传播，严重危害人们的身心健康。

在乡村家庭生活中，也会产生不少医疗垃圾，如注射器、针头、带血的棉球和纱布、胰岛素药瓶、过期药品等，随意丢弃这些医疗废弃物，不仅可能刺伤环卫工人、传染疾病，还可能造成环境污染。处置医疗垃圾一种可行的方法就是将它们封装好送到附近医院的医疗垃圾箱中。另外，我国一些城市已经开展了对过期药品的回收活动。

（2）家庭有害垃圾

家庭产生的有害垃圾一般指含有毒有害化学物质的垃圾。包括过期药品、过期日用化妆用品、染发剂、杀虫剂容器、除草剂容器、废弃水银温度计等。

4.其他垃圾

其他垃圾是指危害较小，也无再利用价值的垃圾，是除可回收物、厨余垃圾、有害垃圾之外的垃圾。主要包括砖瓦、陶瓷、渣土、烟头等。

（二）乡村垃圾的处理手段

受经济发展水平、生活习惯、政府管理力度等多方面因素影响，我国农村在处理生活垃圾方具有多样化特点。乡村生活垃圾处理主要采用堆肥、焚烧、填埋以及综合利用4种处理方式。

1. 乡村垃圾的常规处理手段

（1）垃圾堆肥

乡村生活垃圾中有机组分（厨余、瓜果皮、植物残体等）含量较高，经济较发达的乡村可达到80%以上，可采用堆肥法进行处理。堆肥法就是在一定的工艺条件下，使可被生物降解的有机物转化为稳定的腐殖质，并利用发酵过程产生的热量杀死有害微生物，达到无害化处理的生物化学过程。

将乡村垃圾进行堆肥处理，一般分为四个阶段。第一，预处理阶段。分拣出大块的垃圾以及无机物，再把垃圾混合打碎，筛分为匀质状。第二，细菌分解阶段。经过人工调节与控制，在温度、含水量和氧气含量都合适的条件下，好氧菌或厌氧菌开始迅速繁殖，将垃圾分解，把其中的各种有机质转化为无害的肥料。第三，腐熟阶段。稳定肥质，等垃圾完全被腐熟。第四，储存阶段。将肥料贮存或使用，其他废料可以填埋处理。

（2）垃圾焚烧

焚烧是一种比较古老的垃圾处理方式，也是目前世界上主流的垃圾处理方式。通过对焚烧炉中的垃圾进行分解、燃烧、熔融等处理，垃圾会变成残渣或者熔融固体物。

经过焚烧处理后，乡村垃圾存量大大减少，不仅节省了占地空间，还消灭了垃圾中各种病菌和有害物质，无害化程度很高。此外，垃圾焚烧过程中产生的热量可以用来发电，有助于缓解资源供应紧张的问题。所以，垃圾焚烧是循环经济的重要组成部分，既有环境效益，又有能源效益，使废物得以重新利用，继续为社会的可持续发作贡献。

（3）垃圾填埋

垃圾填埋是我国乡村垃圾处理采用的主要方法，是指将垃圾埋进坑洼地带。在对垃圾进行卫生填埋时，通常会用一个黏土衬层或合成塑料衬层把垃圾与地下水和周围土壤隔离开来。

垃圾填埋场地选择是卫生填埋的关键，不仅要防止污染，还要经济合理。因此，卫生填埋场要考虑地形、土壤、水文、气候、噪声、交通、方位、可开发性等因素。

垃圾填埋作为我国主要的垃圾处理方式之一，具有技术成熟、处理费用低、工艺简单、处理量大、处理垃圾类型多等优点。但是，被填埋的垃圾若没有经过无害化处理，会留有大量的细菌和病毒，并且潜藏沼气、重金属污染等隐患。垃圾发酵产生的甲烷气体，不但可能引发火灾、爆炸事故，还会排放到大气引发温室效应。垃圾产生的渗漏液也会长期污染地下水。

（4）垃圾的综合利用

综合利用是实现固体废物资源化、减量化的最重要手段之一。在生活垃圾进入环境之前对其进行回收利用，可大大减轻后续处理处置的负荷。综合利用的方法有多种，主要分为以下四种形式：再利用、原料再利用、化学再利用、热综合利用。处理农村生活垃圾，应尽量采取措施进行综合利用，以达到垃圾减量化、保护环境、节约资源和能源的目的。

2. 乡村垃圾的新型处理手段

（1）蚯蚓堆肥技术

蚯蚓堆肥技术是指在微生物的协同作用下，利用蚯蚓本身活跃的代谢系统将垃圾废料进行分解转化，形成可以利用的土地肥料。使用的蚯蚓主要有正蚓科和巨蚓科两个属种。该技术成本低、成效高，废物可再利用，有助于丰富资源。采用这一技术时，既可以完成垃圾处理，还可将蚯蚓作为科研产物进行研究，挖掘其更广泛的用途。该技术具有一定的科技含量，可在正确的指导下推广利用。

（2）垃圾衍生燃料技术

垃圾衍生燃料技术是指将垃圾进行破碎，筛选得到以可燃物为主体的废物，或者将这些可燃物进一步粉碎、干燥制成固体燃料。该技术有许多优点，如由于粉碎混合均匀，燃烧完全、热值大、燃烧均匀、燃烧产生的有害气体和固体烟雾少。无论是在南方地区还是在北方地区，农村生活垃圾都可以进行能源生产、发电、供暖等。但采用这种技术时，燃烧会产生温室气体和一氧化碳，所以虽有应用前景，但仍需进行改进研究。

（3）太阳能——生物集成技术

该技术是利用生活垃圾中的食物性垃圾自身携带菌种或外加菌种进行消化反应，应用太阳能作为消化反应所需的能量来源，对食物性垃圾进行卫生、无害化生物处理。当阴雨天或外界气温较低时，它能依靠消化反应过程中产生的能量维持生物反应正常进行。

二、乡村污水的处理

（一）乡村污水的基本特点

目前，我国农村村民生态环境保护意识较为薄弱，绝大多数乡村生活污水处于随意排放状态，乡村居民洗衣、洗菜等生活污水大多就近随地排放，基本没有污水收集管网，生活污水直接汇流进入附近池塘、沟渠等水体，对村庄周边生态环境造成一定的污染。乡村生活污水具有以下几点特征。

第一，农村生活污水排放涉及范围广，遍布各家各户。根据地形条件，绝大多数污水排放以单个村落为一个集中区，整体分布较散，大多不具备完善的污水收集系统以及配套的污水处理设施。村民大多以一家一户为一个收集单位，以明渠或者暗管的形式排放生活污水至附近水体和化粪池。

第二，由于农村村民日用水量较城市低，污水排水量较小，用水高峰期主要是早、中、晚饭时，一天之中的其他时间用水量很少，所以农村生活污水排放量小，但日变化系数大。

第三，农村生活污水以生活污水为主，主要含各种有机物、油脂类物质、悬浮物、氨氮等，污染物浓度相对较低，属于轻度污染，可通过生化处理实现达标排放，用于灌溉附近农田。

（二）乡村污水系统处理的难点

乡村污水处理很难直接照搬常规的城市污水处理方法。相较城市，乡村污水系统处理有以下三大难点。

1.污水处理系统处理难度高

由于村落布局较为分散，乡村污水具有分散、水量与水质变化大的特征。许多乡村地区山地、丘陵众多，地形地势较为复杂，更是增加了污水处理系统修建的难度（如管网铺设的成本与难度）。

2.运行成本难以回收

污水处理系统的运行需要一定的成本,受乡村经济条件的限制和村民长期"零成本"使用水资源惯性影响,运行成本回收具有很大难度。

3.缺乏技术人员

污水处理系统需要专门的人员维护,然而在乡村,具有一定专业知识的技术人员较为缺乏。

(三)不同类型的乡村污水处理

乡村类型不同,乡村污水处理方式也有所差异。乡村污水处理可分为工矿企业型、耕作型、养殖型、旅游型和生态型五种类型。

1.工矿企业型乡村污水处理

工矿企业型乡村由于工矿业的发展,导致乡村地下水或饮用水源被污染,居民生活用水中污染物本底值较高,排放的生活污水对环境污染尤其是对水环境污染较大,相比于其他类型乡村的生活污水,工矿业产生的污水具有复合型、压缩型特征,且不同行业的废水成分不同,部分甚至具有毒性,污染物含量高,处理技术要求复杂,这类乡村的污水污染在居民的身体健康、生态安全方面存在隐患,对此进行监测至关重要。

2.耕作型乡村污水处理

耕作型乡村是以耕作业为主的村庄,居民的主要劳动和劳动收入来源是种植业,此类乡村的生活污水排放量和成分含量根据乡村的经济条件存在差异。污水处理的主要方式是使用化粪池,其主要用于储存,化粪池上加盖,便于将处理后的粪便污水随时取出用于种植,生活污水可以得到充分的回收利用。

3.养殖型乡村污水处理

养殖型乡村是指居民主要从事畜牧业的村庄,此类乡村的生活污水主要来自养殖粪便废水,养殖废水有机物含量非常高,需要针对性地设计处理工艺,经充分的厌氧处理。

4.旅游型乡村污水处理

旅游型乡村以其独特的自然条件或人文特色，吸引游客聚集，交通便利。此类乡村的生活污水主要来自餐饮业，污水集中排放量大，且根据当地旅游的淡、旺季有明显的排放规律，污水中油脂含量高，通常采取集中处理的方式。

5.生态型乡村污水处理

生态型乡村的生活污水大多来自日常生活用水，对于一般的污水，就地处理设施基本可以满足其污水污染治理。根据乡村居民的居住情况，生态型乡村的生活污水处理因地制宜采用分散型处理和集中式处理方式。

（四）乡村污水处理的主要技术

我国在农村生活污水处理方面研究开展较晚，但近年来，随着经济实力的增强，尤其是发达省份在经济发展到一定阶段以后，逐步认识到农村生活污水处理问题的重要性，并开始采用一些实用、合理、低能耗和低运行费用的技术来处理污水。主要有以下处理技术。

1.净化槽污水处理技术

净化槽技术是一种比较笼统的名称，其本质是由一系列单元处理工艺所构成的技术组合。从各主要厂家生产的净化槽来看，采用的主要工艺包括厌氧过滤、接触氧化、活性污泥、膜处理和消毒工艺，也有一些工艺是在生化反应单元内投加有效微生物（EM）菌液，通过强化系统内微生物作用的方式增强处理效果。

2.氧化塘污水处理技术

氧化塘污水处理技术是一种值得推广的技术。氧化塘污水处理技术，通过污水中的有机质分解、氧化还原、沉淀、曝气、复氧过程，使水质达到自然净化。氧化塘污水处理技术的优点是处理效率高、稳定性好；对水力或有机物的冲击负载能力强；工程结构简单；不需要或只在处理中等浓度污水时需要用到少量的前处理机械设备；操作方便，管理维护工作量小；基建投资及运行费用低；还可养殖水生动植物；还可以开设水上游乐点，具有明显的社会环境效益和经济效益。氧化塘处理污水已有3000年的历史,但于本世纪初才开始作为工程建筑设施。

3. 厌氧沼气池处理技术

在我国乡村污水处理实践中,最通用、节俭,最能够体现环境效益与社会效益结合的生活污水处理方式是厌氧沼气池。它将污水处理与其合理利用有机结合,实现了污水的资源化。污水中的大部分有机物经厌氧发酵后产生沼气,发酵后的污水被去除了大部分有机物,达到净化目的。产生的沼气可用作浴室和家庭用炊能源,厌氧发酵处理后的污水可用作浇灌用水和观赏用水。在农村,有大量可以成为沼气利用的原材料,如农作物秸秆和人畜粪便等。研究表明,农作物秸秆通过沼气发酵可以使其能量利用效率比直接燃烧提高4～5倍。沼液、沼渣作饲料可以使其营养物质和能量利用率增加20%;通过厌氧发酵过的粪便(沼液、沼渣),碳、磷、钾的营养成分没有损失,且转化为可直接利用的活性态养分——农田施用沼肥,可替代部分化肥。[1] 厌氧沼气池工艺简单,成本低,运行费用基本为零,适合乡村居民家庭采用。

4. 人工湿地污水处理技术

人工湿地模拟天然湿地的物质循环和能量流动,在一定长宽比及具有地面坡度的洼地中,由土壤和填料混合组成床体,废水在床体的缝隙或表面流动,在床体表面种植处理性能好、成活率高、美观且具有经济价值的水生植物,形成具有良好去污能力的生态系统,从而实现对废水的处理。

人工湿地具有结构简单、投资小、易于维护和运行费低等特点,适用于地势平坦、坡地地形、居住相对集中的中小村庄。通过管网将各户经沼气池、化粪池、格栅井收集处理后的生活污水,通过人工湿地系统进一步处理后,直接排放或回收利用灌溉农田,水质可达到国家污水二级排放标准。

5. 一体化地埋式污水处理技术

一体化地埋式污水处理系统是近年来应用较多的小型污水处理工艺,

---

[1] 郑守仁主编:《农村饮水安全知识问答》,长江出版社,2010,第137页。

该工艺以厌氧生物处理为主，后接兼性厌氧菌生物滤池。主要由水解沉淀池、生物滤池和接触氧化槽组成。

该工艺具有抗冲击性强、能耗低、活性污泥产量少、污水处理效果好等优点。但处理污水量不宜过大，而且工程施工要求技术较高，反应器的材质有纤维玻璃钢、钢板和混凝土。适合经济基础较好、人口相对集中的中小农村和分散饭馆、酒店等。一体化地埋式污水处理技术主体为一体化结构，由缺氧池、生物滤池和沉淀池三部分组成，全部由钢板焊接而成。

（五）乡村污水处理的基本模式

我国地大物博，乡村类型各有特点。从因地制宜的角度来说，不同的乡村，应当运用不同的处理模式，以保证较好的污水处理效果。根据村落地形条件、农户分布及风俗习惯等特征，可将农村生活污水处理模式划分为农户分散处理模式、村落集中处理模式和城乡统一处理模式等。

1.农户分散处理模式

农户分散处理模式主要针对当前无法集中铺设管网或集中收集处理的村落。在这种情况下，污水处理有两种方式：一是在农户庭院内建设污水处理设施，二是采用移动污水处理车进行污水处理，从而达到净化水质的目的。这种污水处理模式一般出现在农户比较分散的山区村落，因为农户间居住的距离较远，管网线路幅面较大，所以建设起来比较困难，而且所需经费也较多。另外，这种山区的村落通常只有几户人家，因而村里没有设置污水处理站，产生的乡村污水需要通过污水运输车一起运送到污水处理站。综上所述，这种分散式的污水处理模式一般适用于村内没有建立污水处理站，但可以与周边村落团结起来进行集中处理的乡村。

2.村落集中处理模式

一般在农户居住较为集中且具有一定管网铺设条件的村庄会采用村落集中处理模式进行污水处理。在我国，大多数农村的污水处理都是采用的这种模式，在村庄附近建立一个污水处理站，将村庄内的污水统一输送到站点进行处理。这是因为我国多数农村地区的污水很难进入市政污水处理管网，但由于各村所处地势较平坦，农户居住集中，统一处理起来方便、快捷。

这种污水处理模式要求农村有一定的基建费用准备，并且安排专人负责日常维护。

3.城乡统一处理模式

通常，邻近市区或城镇的乡村会采用城乡统一处理的方式来处理污水。这些地区区域内可以铺设污水管网，由于距离城镇较近，因此其管网可与邻近的市政污水管网连接起来，并由城镇污水处理站统一进行处理。这种方法不用在村内设置污水处理站，节约了不少建设费用。但是，这种污水处理模式对村庄的地理环境有很高的要求，即村庄内有市政污水处理管道通过，或离市政污水管网在5千米以内并能够利用重力流来输送污水。

城乡统一处理模式与其他乡村污水处理模式相比，具有处理效果有保障、污水处理工程受水量水质变化的影响较小、工程寿命长、维护容易等优势。当然，它也有不足之处，如不适合距离市政管网较远或人口数量较少的村庄，因为如果在这些地方采用城乡统一处理模式，就会增加管道建设成本，进而造成浪费。

三、乡村畜禽粪便的处理

粪便处理是农业环境工程的重要组成部分。畜禽的规模化饲养造成了畜禽粪便大量集中排放，如不及时消纳处理，就会严重污染畜禽场、舍的内部环境和外部环境。因此，畜禽粪便处理备受重视。

畜禽粪便亦是宝贵的资源。鸡、猪、牛以及其他畜禽的粪便作为优质的有机肥，很早就为人们所认识，并长期应用在农业生产中。鸡粪作为具有高营养价值的饲料，国外早有报道。猪粪施入池塘养鱼也是中国农民的成功经验。粪便作为能源，中国西部牧民以牛粪作为日常生活所需的燃料已有千年历史。在沼气技术开发成功以后，各种粪便经过厌氧发酵，产生沼气作为高品质能源，各种粪便的能源价值得到更普遍的认同。因此，对集中规模化饲养场粪便的处理应当遵循资源化的原则，在减少、消除环境污染的同时，充分开发粪便作为肥料、饲料、能源等的用途。

乡村畜禽粪便的处理有多种方式，可以从不同的角度进行分类。

（一）按照处理方法分类

1. 畜禽粪便的物理学处理

从物理学的角度来看，畜禽粪便处理有固液分离法、干燥法和焚烧法三种方法。后两者是独立的作业，前者则是一种附属的作业，目的是改善输送和贮存的条件或改善生物学处理的条件。

（1）固液分离法

粪便的固液分离法通常是粪便贮存前或生物学处理前的一项工序。可将畜禽粪便分离成液态部分和固态部分，液态部分可进入贮粪池、氧化塘或氧化沟作贮存或生物学处理，固态部分可作土壤改良材料犁入农田，或干燥后作垫草或绝热建筑材料。

固液分离的优点是可减少生物处理设备中的沉淀物，减少有机物负荷、容积和延长使用期，液态部分输送时不易堵塞。缺点是需要一定的设备和能量消耗，需增加投资。

（2）干燥法

干燥法是将畜禽粪便通过蒸发带走粪便中的水分进行处理的方法。在畜禽粪便中，鸡粪的固体含量较高，并且可以作为饲料蛋白质的代用品，所以干燥法以鸡粪为主。水分转变为蒸汽需要蒸发潜热。

（3）焚烧法

焚烧法是一种完全性处理。焚烧一般采用多层炉膛，这种方法需要消耗一定的燃料才能实现，耗资较高，而且粪便在焚烧过程中会产生污染物质，因此一般不建议使用。

2. 畜禽粪便的生物学处理

在自然界中存在大量依靠有机物生活的微生物，可以对有机物进行分解。畜禽粪便和其他农业废物的生物学处理利用的就是这种微生物分解有机物的原理，实现环保处理粪便的方法。这种处理法的应用需要介入一定的人工措施，为微生物提供合适的生长繁殖环境，从而加速有机物的分解，达到减少其污染性的目的。畜禽粪便的生物学处理方法主要有氧化塘处理法等。

氧化塘可以由自然形成或人工挖成。畜禽粪便在其中停留的时间较长,可通过微生物的净化活动得到处理。

3.畜禽粪便的化学处理

畜禽粪便的化学处理主要用于最终将排出液排入水体时对排出液进行的消毒。常用的消毒方法是加氯。氯与废水应充分混合,接触时间不应短于1小时。

（二）按照用途分类

畜禽粪便处理除了按处理方法分成上述三种类型以外,按用途又可分为饲料化处理、肥料化处理、能源化处理等。

1.饲料化处理

畜禽粪便中含有一定量的营养成分,且不同类型、年龄、生长期的畜禽排出的粪便含有不同的营养成分。大多数畜禽粪便中都有大量的维生素B_{12},还有一部分粗蛋白质、脂肪和无氮浸出物,以及钙、磷等矿物质元素。

畜禽粪便的饲料化因有相当大的经济价值而引起人们的关注。但是也要注意到一些问题,如粪便内的病原体、微量元素和药物残余对畜禽的影响,以及上述物质在畜禽产品组织中的残余可能对人产生的影响等。许多研究证明,对畜禽粪便采取干燥、青贮等加工措施可以使畜禽粪便饲料化安全地推行。

（1）干燥法

干燥法是用脱水的方法来处理畜禽粪便,使其快速失去水分并变干,从而在除去粪便臭味、杀死病原微生物和寄生虫的同时,保住粪便中的营养成分。这种处理办法一般用于鸡粪。

（2）青贮法

青贮法是在青贮容器内单独对畜禽粪便进行压实封闭处理,或将其混入其他饲料再加以压实封闭。青贮法在畜禽粪便加工处理法中是一种比较成熟的方法,充分利用了畜禽粪便资源。在青贮过程中,一定要调整好青贮料与畜禽粪便的比例,掌握好青贮物料的含水量（一般控制在

40%～70%[1]），并且要添加一些含有可溶性糖类的原料。需要注意的是，为了确保青贮饲料的质量，青贮容器必须为厌氧环境。

（3）分解法

分解法利用一些低等动物能够分解畜禽粪便的原理，让畜禽粪便变废为宝，分解出具有高营养的动物蛋白质。这种方法具有高生态效益性和经济实用性。

（4）热喷法

热喷法是先用热蒸、喷放的方法来改变畜禽粪便的结构和部分化学成分，经过处理后，畜禽粪便变得蓬松，有机质消化率更高。然后用消毒、除臭等方法将畜禽粪便转化为价值较高的饲料。这种处理法操作简单，耗能较低，制作成本低，应用前途广阔，值得推广。

2.肥料化处理

（1）土地还原法

土地还原法是直接将畜禽粪便当作肥料施入田地，充分利用了土壤净化畜禽粪便的功能。这种方法在使用过程中应注意三点。第一，畜禽粪便施入田地后应对田地进行耕翻，因为畜禽粪便只有被埋入土壤中才会被分解，并且这样能够避免空气污染，有较好的环保效果。第二，新鲜的畜禽粪便应堆放好，待腐熟之后再施入田地。第三，这种方法只适合在耕作前期施肥，而不能当作农作物后期增长所需肥料进行追加。

（2）腐熟堆肥法

腐熟堆肥法是在控制空气微生物活动的各种环境的基础上利用空气微生物将畜禽粪便及垫草中的各种有机物分解成矿质化和腐殖质化的物质的方法。这种方法能够使畜禽粪便释放出速效性的养分，使粪便周围环境温度升高，以起到杀菌、杀虫卵的作用，从而得到无污染性的腐殖质有机肥料。

（3）坑式堆肥法

在我国北方地区，有一种传统的积肥方法：先在畜禽圈舍内铺上一层垫草，然后让畜禽进圈，待第二日畜禽排出粪便后将其赶出圈舍，再在圈舍

---

[1] 郝景锋、于洪艳主编《动物环境与卫生》，延边大学出版社，2015，第234页。

的粪便上盖一层垫草,用来吸收粪便中的水分及其在分解中产生的氨气,时间一长,垫草和畜禽粪便在圈舍中逐渐腐熟成粪肥,最后将粪肥清理出来即可。这种自然的粪便肥料化处理法就是坑式堆肥法。值得一提的是,如果能在铺设垫草的过程中喷上一些菌类添加剂或除臭剂,那么会收获更好的自然肥。

(4)平地堆肥法

平地堆肥法与坑式堆肥法有点相似,只不过它不是在圈舍堆肥,而是每天把畜禽粪便及垫草搬到圈舍外,专门找一处适合堆肥的平地进行处理,让粪便及垫草进行分解,从而得到想要的有机肥。在具体的腐熟过程中,畜禽粪便需要经过四个阶段的变化才能成为矿质化和腐殖质化的肥料:生粪—半腐熟—腐熟—过劲。矿质化指的是畜禽粪便中的有机质被微生物分解成无机养分,腐殖质化指的是畜禽粪便中的有机物逐渐变成腐殖质物,标志着粪肥已被熟化。

3.能源化处理

(1)用作燃料

畜禽粪便也可以作为燃料使用,具体方法有两种:一种是直接焚烧干燥的畜禽粪便,常见于经济较落后的牧区;另一种是先把畜禽粪便和秸秆等干草混合在一起,让它们通过发酵产生沼气,再用沼气作为燃料,一般在经济条件不错的乡村都用此法。因此,将畜禽粪便用作燃料的处理方式不仅能给广大乡村居民提供清洁的燃烧材料,还能解决乡村的燃料问题和因燃烧秸秆而出现的污染问题。为此,国家应鼓励乡村将畜禽粪便化作燃料。

(2)乙醇化利用

畜禽粪便含有丰富的纤维素资源,因此可以采用预处理的方法把畜禽粪便中的木质纤维素转化成糖分,并进一步发酵,由此得到可作为乙醇化原料的酒精。预处理的方式有两种:一种是用碱预处理使畜禽粪便还原出17.65%的糖;另一种是利用超声波与KOH联合预处理使畜禽粪便还原出21.47%的糖。[1]酒精其实还可以通过粮食生产,但较为浪费,所以应大力推

---

[1] 朱平国、卢勋:《居有其所美丽乡村建设》,中国民主法制出版社,2016,第72页。

广畜禽粪便的乙醇化利用。

（3）用于发电

以无污染的方式焚烧畜禽粪便可以用来发电，但一般只在经济条件很好的乡村应用。运用这种方法不仅可以发电，还能将焚烧后的灰粉用作田地底肥。

第四章　绿色景观：乡村生态景观的规划实践

在新农村建设和土地开发、整治过程中，由于缺乏生态景观理论和技术指导，新农村建设千篇一律、毫无特色，生态环境严重退化，乡村文化景观和风貌受损。同时，生态化建设意识的缺乏大大降低了乡村的生态服务功能。这就要求新农村建设必须清楚生态景观规划的重要性和现实困境，了解乡村生态景观规划的相关概念，根据具体的原则与方法做好乡村生态景观规划的实践工作。本章即对乡村生态景观的规划实践展开具体论述。

第一节　乡村生态景观规划及其现实困境

一、乡村生态景观相关概念辨析

乡村生态景观涉及许多相关概念，明确这些基本概念，是认识乡村生态景观规划的重要前提。

（一）生态的概念

"生态"（ecology）这个词最初出现于古希腊，表示"住所"或"栖息地"。[1] 简单来讲，生态指的是所有生物生存、活动的一种状态，而不管是哪一种生物的生存和活动都离不开周围的环境，它需要足够的空间、物质和能量，不可能孤立地存在。也就是说，生物与环境之间存在着紧密的联系，并且相互影响。因此，人类在通过改造、利用环境满足自身需求的同时也会受到环境的反向影响。这些年来，世界人口快速增长，人们的活动范围也逐年扩大，使得人与环境的关系变得更为密切。这就要求人类处理好人与自然、资源以及环境之间的关系，其中生态学理论起到了一定的帮助作用。近年来，生态学研究的范围越来越广，包括生物个体、种群、生物群落，以及人类社会中的多种生态系统（如人口、资源、环境等各种问题），这对社会经济发展与生态环境保护的协调十分有益，为人类文明可持续发展提供了宝贵的理论基础。

可以说，生态学已经渗透到了现代社会中的各个领域，"生态"这个词的内涵更加广泛，不仅代表住所，还意味着人类社会中的各种美好事物，如健康、无污染、和谐等。

---

[1] 张倩倩：《生态景观设计》，吉林文史出版社，2017，第1页。

（二）景观的概念

景观是由一片土地的可视特征组成的镶嵌体，包括山体、山丘、平原地形等物理要素，河流、湖泊、池塘等水体要素，动植物覆盖的生物要素，不同类型的土地利用、建筑物和结构等人为元素，以及光照和天气条件等不断变化的要素，是具有生态、经济、文化和多种社会功能与价值的综合体，也是一种记载人类过去、表达希望和理想，进行识别、认同和归属的语言和精神空间。

景观分为自然景观、半自然景观和人文景观三类。通常，人们认为自然景观是受人类影响较小的自然形成的一种景观，具有区域特征和类型特征；而人文景观与之相反，是自然景观在人类强烈的干预下已经完全改变了状态的一种景观，既有一定的社会经济性又有一定的自然系统性；半自然景观介于自然景观和人文景观之间，是自然景观在人类活动的干扰下还未完全改变状态的一种景观。

（三）乡村景观的概念

乡村景观与城市景观相对，两者最大的不同在于地域划分和景观主体有所区别。具体而言，乡村景观是城市化地区及无人活动区域以外的空间地域内的景观。从地域来看，乡村景观是除了城市景观空间外的有人聚居和活动的景观空间；从构成要素来看，乡村景观是乡村聚落景观、经济景观、文化景观和自然环境景观构成的景观环境综合体；从特征来看，乡村景观是人文景观与自然景观的复合体，具有深远性和宽广性。乡村景观包括农业为主的生产景观和粗放的土地利用景观以及特有的田园文化特征和田园生活方式。

（四）乡村生态景观的概念

乡村生态景观是以大地景观为背景，以乡村聚落和农业景观为核心，由自然景观、经济景观、文化景观构成的生态环境综合体。也可以说，乡村生态景观是大自然在人类的生产生活实践活动中不断演变而成的复杂景观，包括自然景观、农村生活景观和农业生产景观。土地的利用规划、自然生态环境的形成与人居生活环境共同构成了乡村生态景观的要素与特征，经历了长期历史过程的沉积以后，形成了当地多样的人文及物种风貌。可见，乡村生态景观是一种传承了地方特有历史文明的特色资源，记录和协调了农村当地的风貌。

乡村生态景观同乡村景观一样，是人文景观和自然景观融合的结果，有深远性和广泛性两大特征。

二、乡村生态景观规划的内涵

以改造和改善自然环境、提高人与自然和谐相处为手段，从生态的高层次对乡村景观进行设计，并形成生态景观效果的景观设计就叫作乡村生态景观规划。这种景观设计具有广泛的社会实践性和学科交叉性，而且具有一定的广泛性、科学性和生态性。其基本原则是尊重当地的环境，就地取材，使得景观与周边环境协调、统一。

生态景观规划是"社会—经济—自然"复合生态系统的多维景观，包括自然生态景观（地理格局、水文过程、气候条件等）、经济景观（能源、交通、基础设施、土地利用、产业过程等）、人文景观（人口、体制、文化、历史、风俗、风尚、伦理、信仰等），是过程和功能的多种耦合复合生态体。它不仅包括有形的地理和生物景观，还包括了无形的系统之间的生态联系。它强调人类生态系统内部与外部环境之间的和谐，系统结构和功能之间的有机结合，过去、现在和未来发展的关联，以及天、地、人之间的融洽性，倡导"科技、生态、景观、人文"的共同主题。乡村生态景观设计以改善乡村人居环境及生态系统的健康为目的，重视人类社会与自然之间的和谐统一。

三、乡村生态景观规划的主要内容

乡村通过合理利用乡村资源、合理规划乡村建设的生态景观规划，能够变得更加优美、稳定、可达、相容和宜居。在不同区域，乡村生态景观规划有不同的侧重点。综合来看，乡村生态景观规划的主要内容如下。

（一）乡村景观特征评价和规划

乡村景观特征评价和规划的具体内容包括：开展景观特征分类和制图，进行自然与文化遗产分类和制图；提出不同类型景观特征保护、提升和重建战略，自然和文化遗产保护、提升和重建战略；提出不同层次地域景观特征构想和景观建设指南等。

（二）乡村生态网络规划

乡村生态网络规划的具体内容包括确定地域脆弱物种和需要保护的动植物及其生境，提出生态网络规划指示物种和栖息地空间分布；确定指示物种和栖息地需要的空间联系，完成生态网络空间布局，提出建设生态网络战略和技术措施等。

（三）乡村水土安全规划

乡村水土安全规划的具体内容包括确定防治水土流失、洪水灾害、面源污染的重点区域，确定地域灾害类型、发生原因、风险和危害程度，提出绿色基础设施建设战略和措施等。

（四）乡村绿色基础设施规划

乡村绿色基础设施规划具体包括建立一个可达性绿色空间和游憩通道、景观、生物多样性、遗产保护的战略性空间与管理网络，为居民提供健康和丰富的生态环境、良好的人居环境、有吸引力的游憩场所和可持续发展的蓝图等。

（五）乡村景观意象设计

通常，人们在认识、了解和理解乡村景观的过程中形成个性化的思想、信仰和感受。这些思想、信仰和感受组合在一起进一步形成景观意境图式，即乡村景观意象。从现代乡村的居住、生产和游憩功能来看，其景观意象设计的重心在于乡村景观的可居性、可投入性和可进入性。

（六）乡村产业适宜地带的规划

乡村产业适宜地带的规划是在分析乡村景观要素和综合分析景观整体的基础上依据景观行为相容性原理对乡村景观进行的生态性规划设计。一般来说，乡村景观有乡村居民点景观、网络景观、农耕景观、休闲景观、遗产保护景观等十大类三十个小类；乡村产业类行为，主要包括农业生产、采矿业、加工业、游憩产业、服务业和建筑业六大类三十三个小类。❶ 不同类型的景观行为相容性程度是不同的，可以据此分成不同级别，建立判断景观行为相容性的矩阵，然后对乡村产业进行适宜地带规划，以规范人们的景观行为。

（七）乡村聚落为核心的景观生态规划

乡村聚落为核心的景观生态规划，主要包括乡村聚落景观意象、性质和功能规划，土地利用景观生态规划与景观平衡，聚落形态及扩展空间景观生态规划，聚落规模与功能区规划，聚落体系与乡村聚落风貌塑造，乡村道路系统与交通规划，市政基础设施规划，绿地系统与生态景观环境建设规划，景观区划与区域景观控制规划，自然景观灾害控制等规划内容。

四、乡村生态景观规划的重要意义

（一）有效提高土地综合生产能力

生产发展、生态良好、生活富裕是我国社会主义新农村建设的最基本要求。乡村生态景观规划通过水土生态安全规划、生态修复，强化生态系统弹性，提高农村生产系统稳定性和综合生产能力，确保粮食和生态安全。

（二）提高乡村生态景观质量

乡村生态景观规划能够提升乡村生态景观的整体质量。这是因为在开

---

❶ 李士青、张祥永、于鲸：《生态视角下景观规划设计研究》，中国海洋大学出版社，2019，第 135 页。

展乡村生态景观规划的实践中,可通过农村沟路林渠和绿色基础设施生态景观技术的应用对生态环境加以治疗,对生境进行修复,使生物的多样性得以保留、生态系统的服务功能得到提高。这样一来,乡村地区的生态环境质量也就随之提高。

(三)促进乡村发展

我国城镇化进程的加快,造成乡村劳动力流失和农村资源利用率下降,这些都进一步加大了城乡经济的差距,使年轻人在乡村难以获得良好的发展机会。我国许多小型城镇、乡镇和农村都不同程度上呈现出空心化状态。并且,乡村地区的人居环境普遍没有城市好,致使乡村地区难以留下人才。而人才是地区实现基本发展的必要条件,乡村地区只有留住人才、吸引人才,才能获得更好的发展。开展乡村生态景观规划,能够有效改善乡村地区的人居环境,又可以通过景观特征、历史文化遗产景观保护,挖掘乡村景观美学和文化价值,营造生态景观和乡土文化相融的乡村环境,吸引城市居民到乡村进行田园观光、果蔬采摘、休闲度假,发展乡村旅游业,通过促进乡村旅游经济的发展振兴农村经济,实现城乡统筹发展和良性互动。

(四)促进人与自然的和谐发展

乡村生态景观规划是在保护自然生态环境的前提下进行的。乡村地区的城镇化进程,致使乡村地区出现大量的新村和新房。这些新的村落和建筑物的出现改变了乡村原有的自然风貌,但也不可避免地出现了严重的"景观污染""千村一面"现象。在这种恶性的循环系统中,人类文明和自然环境都无法延续。于是,人们吸取教训,积极转换思维,开始重视社会发展与自然环境的相处问题,重视乡村生态景观的建设,研究如何才能实现人与自然的良性可持续发展。通过乡村生态景观的建设,生态环境问题得到治理,生物生态环境得以修复,乡村人居环境建设的目的也得以实现。此外,乡村生态景观规划是在保护自然景观和人文景观的前提下进行的,并且在规划过程中大力开展绿色基础建设,使农业向高科技化、休闲化和景观化的方向发展,使得生态景观的功能得到增强,人与自然的相处更加和谐。

（五）提高乡村人居质量

当前，我国乡村的环境污染特别严重。乡村生态景观建设正好可以治理和改善乡村的生态环境，修复生态环境，同时进行文化景观建设，维护乡村的人文环境，彻底改善目前乡村的人居环境，提高乡村人居质量。

五、乡村生态景观规划的现实困境

中国是一个古老的农业大国，乡村面积广，农村人口众多，乡村生态景观规划有利于改善人们的生活环境，并且在国家的"新农村建设"战略决策背景下显得更有意义。通过合理运用景观生态学原理规划和设计乡村景观，中国乡村生态景观规划获得了一定的成绩，但是仍旧面临着以下客观的现实困境。

（一）思想观念上存在不足

乡村生态景观规划的重要作用已经被广泛认可，并且许多乡村也意识到了乡村生态景观规划的重要性并开始付诸实践。可是，我国在这方面的探索时间毕竟较短，人们在思想观念上对于乡村生态景观规划的认知还不够深入、全面：许多人将乡村生态景观规划片面地理解为绿化、种植等概念；部分乡村在凡是能种植的地方任意种上植物，根本没有考虑到景观的整体性和美观性。这些思想观念上的问题使得乡村的生态景观档次较低，发展较差，不仅不能改善乡村景观，反而会带来负面效果。由此可见，在进行乡村生态景观规划的过程中必须转变人们的思想观念。

（二）乡村生态景观规划的生态性不足

乡村生态景观规划的重点在于生态性，但是因为不少乡村过度追求发展经济而忽略了对乡村资源的保护，导致生态环境在不同程度上遭到了破坏，造成乡村生态景观规划出现生态性严重不足的情况。强调生态性，实现生态性和经济性之间的良好结合，成为后续乡村旅游生态景观规划需要重点注意的问题。

（三）乡村生态景观规划缺乏乡土特色

一些乡村的生态景观规划虽然得到了当地居民的认可，但是在规划时没有考虑到当地的自然人文现状，导致景观规划毫无特色。具体来说，由于部分乡村规划工作任务繁重、缺乏具体分析、时间紧迫、经济条件有限等，使规划后的乡村景观缺乏规范性，给人以较浓的粗糙感，而且不利于乡村生态景观的可持续发展。乡村生态景观不仅仅是一种景观，它还是一种风土文化，具有一定的传承价值。尤其是在拥有几千年农耕历史的中国，乡村生态景观中蕴藏的风土人情是城市环境中的文化无法替代的。太过单一的乡村生态景观规划毫无乡土特色，不仅不能正常发挥乡村功能，还会影响乡村景观的生态保护和传承。

第二节　乡村生态景观规划的原则与方法

一、乡村生态景观规划的原则

（一）维护生态系统完整性原则

生态系统的完整性是生态景观所追求的高级目标，一个生态系统要发挥其应有的功能，就必须满足生态系统的完整性。因此在生态景观的建造设计过程中要根据地区的生物种类组成、结构特点和演替规律，保护动植物资源，构建有序的结构与和谐的关系，保持生态系统的完整性。

生态系统的完整性主要体现在生物的多样性上。生物多样性指的是动植物、微生物、景观的种类、遗传基因、生态系统等各种层次上具有一定的变异性和多样性。人们往往用生物多样性来评价生态系统是否健康，生态服务功能是否健全，景观观赏性是否强，人居环境质量是否较高，乡村生产和生活基础设施建设是否完善，环保效益是否长久等。基于此，乡村生态景观规划需要从生物多样性方面加以全面考虑，关注生态系统的修复，建立生态系统保护机制。

（二）土地利用多功能性原则

土地利用多功能性包括财富储备、物质生产、生物生境、气候和水文调节、废弃物净化和污染修复、生活空间需求、文化传承、生物多样性保护和空间连接、地域景观表达等。这个原则应始终被考虑在乡村生态景观规划设计的整个过程中。也就是说，乡村在进行生态景观规划时应重视土地利用的多功能性特征，并将土地生产、生物多样性保护、景观保护、休憩空间需求等各项功能纳入设计范围，提高乡村的生态服务能力。此外，乡村还要高度重视农用地的生产、生态、景观的综合性功能，扩大绿色地域；协调好农用地和建设用地的关系，做好布局。

（三）重视乡村居民参与原则

乡村居民是乡村的主人，他们有权利也有必要参与乡村生态景观的规划设计工作。当前，部分乡村在规划乡村生态景观时常常由政府和学者们直接提供方案，很少有乡村居民的直接参与，导致这些规划和设计很难全面地体现乡村居民的意愿和想法。但是乡村居民才是真正维护和建设整个乡村生态环境的人，如果乡村生态景观规划缺少了乡村居民的参与，那么设计工作就会不完整，也很空洞。

（四）开展乡村生态规划设计原则

城镇化进程的加快，一方面带动了乡村发展，另一方面也对乡村生态环境造成了严重的破坏。因此在乡村生态景观规划设计时要充分考虑这一因素并扬长补短：一方面加大对乡村原有生态景观的保护力度；另一方面根据自身优势统筹布局，加快乡村生态旅游景观的规划设计，通过田园观光、采摘、度假、体验等形式发展乡村生态旅游业。

（五）遵循生态恢复和因地制宜原则

由于乡村建设过程中的不合理行为，土壤、河流、植被等遭到破坏。

因此，乡村生态景观规划应当肩负起恢复当地生态平衡的责任，对遭到破坏的地域进行恢复。并且根据生态系统的可承载能力、自身价值和状况对其进行空间上的划分，其中最重要的原则就是因地制宜，即根据每个地域的自然地貌特征和生态敏感性，以不同地域的自然环境和人工环境为基础，结合当地的地理特征，合理规划生态景观。

生态景观的规划要以突出乡村地域性景观特色为主，选用具有地方特色的农作物或其他植物进行景观种植。我国部分景观规划者长期受到西方景观设计理念的影响，缺乏创新，经常忽略本地文化和生态的独特性，模仿西方或国内其他城市的景观规划模式。例如，某些乡村在当地种植了一些名贵的花草树木，虽然这些花木能给人以新鲜感，但是价格不菲，由于是外地的植物品种，常常不能与本地的气候和水土条件相符而死亡，造成了极大的浪费。又如，部分乡村投入了大量资金建设如城市一般的公园，但没有安排专业的维护人员，使得公园在较短的时间内就被还原成"乡村模样"，不仅达不到规划乡村生态景观的目的，还会造成不必要的资源浪费和经济浪费。

（六）景观美学原则

保持原有景观的整洁性和自然性，清除废弃物和垃圾等视觉污染因素，形成具有稳定感和安全感的景观环境；在保持景观空间多样性的基础上保留原有景观的韵律和节奏，使景观空间井然有序、组分协调，景观环境丰富而有趣；结合各种各样具有乡土特色的植物组成自然群落，为景观环境创造丰富的季相变化。

（七）尊重乡土原则

尊重乡土具体体现在尊重乡村生活的时代特征和尊重、体现地域文化特征两个方面。

1. 尊重乡村生活的时代特征

在长期的历史和文化建构中，乡村居民们逐渐认同了本乡村的生产生活方式，创造了丰富的具有地方特色的乡村景观形态，这个演变的过程是不断更新、不断调整且具有动态性的。在进行乡村生态景观规划的过程中，不能简单模仿和保留,而要经过层层审阅,保留符合时代发展的内容,并不断对这些内容进行更新和二次创造。如果有些内容已经失去了功能性,那么可以将这部分内容设计成纪念物呈现出来。

2.尊重和体现地域文化特征

乡村地域特色是乡村居民们几千年来积累的智慧结晶,是对乡村生产生活和文化风俗的具体呈现。因此,尊重和体现地域文化特征原则要求乡村在进行生态景观规划时必须以乡村生活为中心,结合乡村的社会文化背景,在保留当地生产生活方式的前提下充分利用当地优秀的民间文化及文化遗产,挖掘和发展文化景观特色,创造出能够体现乡村特性的生态景观环境。

以英国为例,该国历史悠久,有很多独特的风景,在规划乡村生态环境时就充分尊重了本国的地域文化特征,创造了如诗画且令人神往的自然田园风光,吸引着各国人民前往游览。英国的乡村历史建筑保护体系是自下而上的,全民形成了良好的保护意识。在营造乡村景观时,除了严格保护传统乡村建筑外,在建造新建筑时对于建筑的高度、屋顶的坡度、外观的颜色以及构成乡村景观的其他元素也都有严格而具体的要求,所以新建住宅往往能和传统地域建筑相协调。

(八)维护生物多样性原则

生物多样性为人类的生存与发展提供了丰富的食物、药物、燃料等生活必需品及大量的工业原料,维护了自然界的生态平衡,并为人类的生存提供了良好的环境条件和生态景观服务功能。每一个物种都具有独特的作用,例如以野生水稻和农田水稻杂交培育出来的新品水稻比农田水稻的产量更高;自然界中还有一些人类未研究过的植物的体内含有能够对抗人类某些疾病的成分。

而且,生态系统内部结构越复杂,其抗干扰能力就越强,就更容易保持动态平衡的稳定性。通常,结构复杂的生态系统中如果食物链上的一个环节突然发生了变化,导致能量和物质无法顺畅地流动,那么可以利用不同生物种群之间的代偿作用来解决这个问题。将其应用到乡村生态景观的规划中,即乡村要尽量增加绿地的功能,例如赋予景观空间更多的用途,以给乡村居民提供更多服务。此外，多样性还指动植物的种类多样，具体包括遗传多样性和物种多样性。这就要求乡村在规划生态景观时最好设计多样化的动植物，使乡村生态系统更接近自然生态系统、更稳定，促进其生态功能的恢复。

（九）节约资源原则

在乡村生态景观规划中，节约资源的原则要求乡村在规划生态景观时应最大限度地减少能耗和废物排放量，以保护乡村原有资源。在设计过程中可以采取如下措施达到节约的目的：保护不可再生资源；对废弃物进行利用和改造；设计过程中尽量利用自然条件减少能源的消耗，提高能源的使用效率；合理利用光、风、水、温度等自然要素，避免大量单一耗能要素的出现等。设计中充分考虑资源再生要素，如自然界中的植物是自生自灭、自然繁衍的，景观设计中的植物设计也可以采用生命循环往复的自然规律。

二、乡村生态景观规划的方法

（一）借鉴国外乡村生态景观规划的经验

应该尽量借鉴发达国家发展过程中成功的经验，避免它们走过的弯路。

例如，法国农业贡献率曾一度急剧下降，乡镇似乎失去一切活力。而到20世纪70年代，法国城乡之间的生活条件就达到了相同的水平，乡村不但拥有城市生活的舒适，还有城市所没有的美好环境。新型乡村空间不但具有传统的农业生产功能，而且具有居住、娱乐、工业和自然保护区等多种功能。人们在乡村社会找到了在城市社会难以找到的具有个性化、归属感的空间。

借鉴国外的先进经验是中国乡村生态景观规划研究的捷径。当然，国外的成功经验与中国乡村景观的发展现状和特点相结合必不可少。

（二）践行生态文明建设理念

生态文明作为人类社会继原始文明、农业文明和工业文明之后的一种新的社会文明形态，是指人们在改造客观物质世界的同时，不断克服改造过程中的负面效应，积极改善和优化人与自然、人与人的关系，建设有序的生态运行机制和良好的生态环境所取得的物质、精神和制度方面成果的总和。

乡村生态景观规划要践行生态文明建设理念，要树立尊重自然、顺应自然、保护自然的理念，树立发展和保护相统一的理念，树立"绿水青山就是金山银山"的理念，树立自然价值和自然资本的理念，树立空间均衡的理念，树立山水林田湖是一个生命共同体的理念。

（三）多层次开展乡村生态景观规划

规划设计和建设体系包括战略规划或者宏观规划，又可以进一步划分为空间规划、行业规划和专项规划，乡村地区开展生态景观规划要遵循这种结构，实现多层次开展。

在战略规划的指导下，每年从中央到地方都会推出一系列关于新农村建设、农业综合开发、土地整治、林业发展等宏观规划。每个项目在规划设计和建设的过程中，要涉及空间规划、行业规划和专项规划等。各类项目规划都有相关技术规程，逐次展开，保证乡村生态景观规划更加具有科学性。

（四）面源污染控制的生态景观规划方法

实施乡村景观规划的有效方法是通过优化由斑块、廊道和基质等构成的景观镶嵌体，防控水土流失、风蚀、地质洪涝灾害、热岛效应、面源污染等水土安全和生态安全问题。具体方法如下。

第一，在源头控制的基础上，优化"田、水、路、林、村"的景观格局，从过程上控制面源污染，加强沟路林渠生态景观化技术研究和应用，开展缓冲带建设、半自然生境保护和重建、污染水体生态修复、田块作物生产和覆盖轮作、土地休耕等集成化的生态景观化工程技术的研究和应用。

第二，按照水系的自然形态加强水系和河道整治，根据河道等级充分应用乔灌草结合的植被缓冲带和水体污染防治的生态工程技术。

第三，加强坑塘湿地的生态修复能力，提高水系的连通性，降低水体污染程度，营造优良的生境斑块和优美的亲水景观。

第四，重视田埂、沟渠路林边界、地角、田边管护和植被缓冲带建设，减少富营养物质从农田进入水体。

第五，控制汇水区、洪水区、湿地和滨水地带的土地利用，大力开展水系生态护岸建设，建立缓冲带等环保廊道，提高洪涝灾害高风险区域的排水防涝能力。

第六，大力开展土地生态修复，促进地表水下渗，构建集湖沼、坑塘、湿地、郊野公园和生态隔离带于一体的多级泄洪、调节控制水量的防灾避险绿色基础设施。

（五）加强乡村景观的监督与管理工作

乡村生态景观目前出现的一些不文明现象，如垃圾随处可见、乱搭乱建、村民自行拆旧房建新房等，这都是管理力度不够造成的。因此，各乡镇政府及村委会需要成立相应的景观监督与管理机构，制止影响乡村生态景观风貌的违章行为和建设，而且对于建成的乡村景观进行必要的维护与管理，使乡村保持良好的田园景观风貌。

第三节　乡村生态景观规划的类型与实践

一、乡村生态景观规划的类型

乡村生态景观规划的类型主要可以分为湿地生态景观、园林植物景观、水景生态景观和河道植物景观几大类。

（一）乡村湿地生态景观规划

湿地包括各种咸水淡水沼泽地、湿草甸、湖泊、河流以及洪泛平原、河口三角洲、泥炭地、湖海滩涂、河边洼地或漫滩、湿草原等。湿地与森林、海洋并称全球三大生态系统，被誉为"地球之肾""天然水库"和"天然物种库"，在世界各地分布广泛。湿地的类型多种多样，通常分为自然湿地和人工湿地两大类。自然湿地包括沼泽地、泥炭地、湖泊、河流、海滩和盐沼等。人工湿地主要有水稻田、水库、池塘等。随着城市化发展，我国乡村的湿地面临着面积缩小、调蓄功能减弱、资源利用单一、生物多样性降低、水体污染等一系列问题，因此，加强乡村湿地生态景观规划是解决湿地生态环境问题的基础工作。

1. 乡村湿地生态景观结构与功能

（1）乡村湿地生态景观的结构

乡村湿地生态景观的结构是指景观组成单元的特征及其空间格局。例如，湖泊湿地的景观主要由明水、沼泽、洲滩、防浪林、堤垸、农耕区、村落、环湖丘岗等景观要素组成。一般而言，湖泊湿地具有碟形盆地圈带状立体景观结构的特征，并形成三个环状结构带：其一，外环为渍水低位田。由于地下水位过高，引起植物根系层过湿，旱作物不能正常生长，适于湿生植物生长，以渍水低位田（种植水稻）为主，包括少量沼泽地及草甸地。其二，中环为过水洲滩地。以洪水期被淹没、枯水季节出露的河湖洲滩为主，包括湖洲、河滩两个亚类。以湖洲面积为主，河滩仅为少量，主要分布在荆江南岸。其三，内环为浅水水体湿地。为水深不超过两米的浅水域，包括湖泊、河流、塘堰和渠沟等。

（2）乡村湿地生态景观的功能

湿地是地球上具有多种独特功能的生态系统，不仅为人类提供大量食物、原料和水资源，而且在维持生态平衡、保持生物多样性和保护珍稀物种资源，以及涵养水源、蓄洪防旱、降解污染、调节气候、补充地下水、控制土壤侵蚀等方面均发挥了重要作用。湿地与森林、农田、草地等生态环境一样，广泛分布于世界各地，是人类最重要的环境资本之一，也是地球上生物多样性丰富、生产力很高的生态系统。各类乡村湿地生态景观在提供水资源、调节气候、涵养水源、均化洪水、促淤造陆、降解污染物、保护生物多样性和为人类提供生产、生活资源方面发挥了重要作用。除此之外，湿地还具有观光旅游、教育科研等社会价值。

2. 乡村湿地生态景观规划的类型

乡村湿地生态景观规划要重视湿地的创建，科学制定退田还湖政策、法规，在空间布局上明确划分湿地保护区、恢复区、创建区和可转化区，针对不同的功能分区采取相应的生态工程措施。乡村湿地生态景观规划是解决湿地生态环境问题的一条重要途径。具体而言，乡村湿地生态景观规划可以分为以下三种。

（1）乡村的人工湿地

将人工湿地引入乡村景观规划，可以利用湿地生态系统中物理、化学和生物的三重协同作用，通过过滤、吸附、沉淀、离子交换、植物吸收和微生物降解来实现对污水的高效净化。例如，北京中关村生命科学园园区水系统包括六个部分：位于地下的园区内各建筑组团产生的生活和实验室污水收集系统；位于园区西北的生活污水处理室，收集的污水在这里经过两级处理；环绕园区的线状湿地系统，经过初步处理的污水缓慢绕园一周后成为干净水源；以湖泊水面、挺水植物群落为主的中央湿地；屋顶和园内绿地系统，降雨形成的径流直接进入湿地系统，在绿地需要灌溉的季节，可以直接从湿地系统取水；园区和外界的水交换系统。

（2）乡村的湿地公园

在乡村兼有物种及其栖息地保护、生态旅游和环境教育功能的湿地生态景观区域都可以称为乡村湿地公园。湿地公园的概念类似于小型自然保护区，但又不同于自然保护区和一般意义上的公园。湿地公园类景观主要包括两类。

①环境生态

乡村湿地公园的环境生态主要从水体保护规划、岸线保护设计、陆地保护三个方面进行，目的在于形成一个洁净、健康的湖泊水体。

②视觉景观

视觉景观规划包括景观高度的保护控制、景观风格风貌的保护控制、景观时间变化控制三项内容。为了在视觉感官上保持湖泊自然景观的纯净与周边人工建筑的协调，视觉景观主要考虑建筑高度的控制，风格形式、色彩、体量以及细节处理形式的统一与限定条件，还有景观时间变化控制等。通过相应的控制与限定，最终达到规划所构想的创造一个"水面、绿地、建筑"交融的乡村湖泊景观环境。

(3)湿地自然保护区

建立自然保护区是乡村湿地生态景观保护与管理的主要途径,同其他类型的自然保护区一样,湿地自然保护区通常划分为核心区、缓冲区、实验区三部分。

(二)乡村园林植物景观规划

乡村园林植物景观的艺术体现在实践与理论两个方面:一是要遵循造型艺术的基本原则,即多样统一、对比调和、对称均衡和节奏韵律等;二是各种景观植物在色、香、形等方面的相互配合。乡村园林植物景观中艺术性的创造极为细腻而复杂。诗情画意的体现需要借鉴美学艺术原理及古典文学,巧妙地运用植物的形体、线条、色彩、质地进行构图,并通过植物季相及生命周期的变化,使之成为一幅动态的景观画卷。

1.乡村园林植物景观规划的构图

(1)乡村园林植物景观中树木景观的构图

乡村园林中,由于各个种植地的具体条件不同,树木景观形式也多种多样。总体而言,园林树木景观形式大致可以分为自然式和规则式两种。自然式配植以模仿自然、强调变化为主,具有活泼、愉快的自然情调,有孤植、丛植、群植等形式。规则式配植多以某一轴线为对称或成行排列,强调整齐、对称,给人以强烈、雄伟、肃穆之感,有对植、行列植等形式。当然,同样的地块可以组合多种树木景观式样。树木景观模式包括树木的株数组合、树木的密度组合、规则式组合、自然式组合、带状、空中轮廓线表现、断面构成、景观构成等方面。

①树木的株数组合

乡村园林植物景观中,根据树木的株数组合的不同可以分为以下几种:其一,孤植。孤植指的是单一栽植的孤立树木,将其作为园林绿地空间的主景树、遮阴树、目标树等,主要表现单株树的形体美。一是应该选择体形高大、枝叶茂密、树冠开展、姿态优美的树种;二是要选择景观价值较高的树种;三是要选择适生、健壮、长寿、病虫害少的树种。其二,对植。对植指的是两株或两丛树分别按一定的轴线左右对称地栽植。对植要求树种和规格大小一致，两树的位置连线应与中轴线垂直，又被中轴线平分。对植多用在规则式绿地布置中。其三，丛植。丛植指的是三株或三株以上株数的树木成丛栽植。其四，群植。群植指的是较大数量的乔、灌木按一定构图方式种在一起的树群，可做主景或背景使用，两组树群相靠近还可以起到透景、框景的作用，在大规模的绿地中还可以加强或减弱地势起伏变化。

②树木的密度组合

乡村园林植物景观中，根据树木的密度组合的不同可以分为以下几种：其一，散植。散植指的是树木栽植的株距较大，树冠不郁闭，适宜小面积地块。其二，密植。密植指的是树木栽植的株距较小，树冠郁闭连成片，适宜小面积栽植。其三，散开林。散开林指的是在广场上分散栽植的独立树，适宜大规模地块。其四，疏林。疏林指的是林中的下木被伐，人们可以进入林中或在树荫下休憩，适宜大规模地块。其五，密生林。密生林指的是树木茂密生长，人类不易进入林中休憩，适宜在大规模地块上种植。其六，密植散生。密植散生指的是密植的树林呈块状分布，上层和下层树木都能生长得很好。其七，密生到散生。密生到散生指的是在地块中树木栽植的密度变化为由密生到散生。

（2）乡村园林植物景观中花草景观的构图

乡村园林植物景观中，常用各种草本花卉创造不同形状的花坛、花池等，多布置在公园、交叉路口、道路广场、主要建筑物之前和林荫大道、滨河绿地等景观视线集中处，具有装饰美化的作用。

①花坛

外部平面轮廓具有一定几何形状，种以各种低矮的景观植物，配植成各种图案的花池称为花坛，根据设计的形式不同，可分为独立花坛、带状花坛、花坛群。其一，独立花坛。独立花坛是内部种植景观植物，外部平面具有一定几何形状的花坛，常作为局部构图的主体。多布置在公园、小游园、林荫道、广场中央、交叉路口等处，其形状多种多样。其二，带状花坛。带状花坛的平面长度为宽度的三倍以上。较长的带状花坛可以分成数段，形成数个相近似的独立花坛连续构图。多布置在街道两侧、公园主干道中央，也可作为配景布置在建筑墙垣、广场或草地边缘等处。其三，花坛群。由许多花坛组成一个不可分割的构图整体，称为花坛群。中心部位可以设置水池、喷泉、纪念碑、雕像等。常用在大型建筑前的广场上或大型规则式的园林中央。

②花池

由草皮、花卉等组成的具有一定图案画面的地块称为花池，因其内部组成不同又可以分为草坪花池、花卉花池、综合花池等。其一，草坪花池。草坪花池指的是一块修剪得整齐而均匀的草地，边缘稍加整理，或布置成行的坪饰、雕像、装饰花栏等。适合布置在楼房、建筑平台前沿，形成开阔的前景，具有布置简单、色彩素雅的特点。其二，花卉花池。花卉花池指的是在花池中既种草又种花，可利用它们组成各种花纹或动物造型。适合布置在街心花园、小游园和道路两侧。池中的毛毡植物要经常修剪，形成一个密实的覆盖层。其三，综合花池。综合花池中既有毛毡植物，又在中央部分种植单色调低矮的一二年生花卉。

2.乡村园林植物景观规划的方法

20 世纪 80 年代以后，我国乡村园林绿地建设发生了显著变化：园林植物的物象构成趋于简洁明朗，草地与疏林草地的所占比例大大提高，意境的表达趋于简洁明了，草坪上的孤植树木更为突出，地被植物的形态、色彩和组合变化更为彰显，这些在表现乡村绿地整体美中起着主导与协调的作用。具体而言，乡村园林植物景观规划的方法如下。

（1）季相节律

《花镜》序中写道："春时：梅呈人艳，柳破金芽，海棠红媚，兰瑞芳夸，梨梢月浸，桃浪风斜，树头蜂报花须，香径蝶迷林下。一庭新色，遍地繁华。夏日：榴花烘天，葵心倾日，荷盖摇风，杨花舞雪，乔木郁蓊，群葩敛实。篁清三径之凉，槐荫两阶之絭。紫燕点波，锦鳞跃浪。秋令：金风播爽，云中桂子，月下梧桐，篱边丛菊，沼上芙蓉，霞升枫柏，雪泛荻芦。晚花尚留冻蝶，短砌犹噪寒蝉。冬至：于众芳摇落之时，而我圃不谢之花，尚有枇杷累玉，蜡瓣舒香。茶苞含五色之葩，月季逞四时之丽。檐前碧草，窗外松筠，怡情适志。"[1] 可见，季相节律在增强景观效果的审美情趣中具

---

[1] 李士青、张祥永、于鲸：《生态视角下景观规划设计研究》，中国海洋大学出版社，2019，第 189 页。

有突出的视觉功能。季相彩叶树种是园林树木景观建植中数量类型最为繁多、色彩谱系最为丰富、生态景象最为显著、选择应用最为广泛的资源。秋色叶树种的主流色系有红、黄两大类别，树种类型较丰富。秋叶金黄的著名树种有金钱松、银杏、无患子、七叶树、马褂木、杨树、柳树、槐树、石榴等。秋叶由橙黄转赭红的树种主要有水杉、池杉、落羽杉等。秋叶红艳的树种有榉树、乌桕、丝棉木、重阳木、枫香、漆树、槭树、栎树等。

（2）物象芳华

物象芳华是园林树木意境表达中应用范围最广、视觉感受最强的景观元素。花木姿态即物象，是中华民族文化在园林树木景观上的一大审美特色。姿形奇特、冠层分明的松柏，悬崖破壁，昂首蓝天；枝繁叶茂、盘根错节的杜鹃，穿石钻缝，花若云锦；攀岩附石的藤木，满目青翠，一派生机。植物群落或个体所表现的形象，通过人们的感官可以产生一种实在的美感和联想。池水荡漾缥缈，给人以广阔深远的感觉，若在池畔、水边结合池杉的姿态、色彩来建植组景，则可使水景平添几多参差。地形改造中的土山若起伏平缓、线条圆滑，则可用园林树木的形态、色彩来改变人们对地形外貌的感受，使之具有丰满之势。

（3）情感比拟

由于我国传统文化对于园林艺术的影响，以植物"比德"，其在植物景观规划中也带有明显、强烈的个人感情色彩。根据传统文化的内涵，不同树木代表着不同的性格特征。传统的松、竹、梅配植形式，谓之"岁寒三友"，常用于烈士陵园，纪念革命先烈，如上海龙华公园入口处的红岩上配植的黑松。梅、兰、竹、菊"四君子"，兰被认为最雅。荷花被视作"出淤泥而不染"。桂花在李清照心目中更为高雅，谓之"自是花中第一流"。此外，桃花在民间象征幸福，交好运；翠柳依依，表示惜别及报春；桑和稗代指家乡等。从欣赏植物景观形态美到意境美是欣赏水平的升华，不但寓意深远，而且达到了天人合一的境界。

（三）乡村水景生态景观规划

人类历史发展过程的每个阶段中，水始终都是不可或缺的资源。水对于人类的意义早已打破了物理范围的限制，已经延伸至更具深度的精神层面,也就是说,人类对水的需求从物质层面逐渐上升至精神层面。水不仅能够美化乡村环境,为人们带来视觉享受,而且具有调节功能,可使乡村的生态环境达到平衡状态。现代乡村环境中,通过对自然水域的治理及对人工生态水景的建设,不仅可以满足乡村居民对水资源的需求,保障人们所使用的水的安全和洁净,还可以体现水的价值和意义,促进乡村经济可持续发展。

1. 乡村水景生态景观规划的目的

(1) 发挥水景观生态服务功能

水景观的生态服务作用是指由水构成的区域生态系统对人与环境的服务功能。不同条件、规模的水景观发挥的生态服务功能有所不同,概括起来有以下内容:其一,形成生长条件。引入水系或借助自然水域,形成或改善动植物生长、栖息的条件,构成区域环境生态多样化和组成格局多元化,从而形成人的游玩行为与知觉感受的多样化。其二,形成经济价值。利用水域系统的优势条件,开展旅游、农、林、牧、渔等产业活动,带动区域经济发展,保障区域环境良性循环。其三,调节气候。无论水体规模大小,水景观都会影响区域湿度、降雨和微气候的变化。其四,水调节与供应。水景观除了具有景观功能外,还可发挥土壤灌溉、交通、生活生产用水,以及水储存与控制的作用。其五,隔离与传播。可以利用水流条件对所限生物物种进行生长的隔离限制,也可利用水流作为媒介,促进需要发展的生物物种的生长传播。其六,提供休闲娱乐和运动条件。可根据不同的水资源条件,开展各种有利的休闲娱乐和运动活动。

(2) 构建生态系统健康的环境

水在环境中好比人身体中的血液,是环境各生态系统中最重要的基础系统。乡村水景生态景观规划有助于构建生态系统健康的环境。健康的环境指环境中生态系统的健康,这并非以人的现实生存需要来判断环境生态优劣,而是应该尊重自然法则。第一,具有各系统的自动平衡能力。在环境中各种系统的变化所造成的指标缺失能在相互作用中得以弥补,并使指标处于正常范围。第二,新陈代谢顺畅。有机体的生态系统运行顺畅,无变异失调、运行紊乱的负面现象;遇到外在原因造成一定程度的破坏,致使景观环境遭受疾病时能自动恢复,表现出健康环境的弹性与抵抗力。第三,环境中具有多种生物体，并形成多种层次的生物链。环境中物种丰富，构成相互作用、互为依赖、互为抑制的消长循环。第四，具有生长活力与稳定性。各系统相互作用且具有持续性和稳定性，显示出旺盛的生长反应力和抵抗外因的压力。

2.乡村水景生态景观规划的类型

乡村生态景观规划中，乡村水景生态景观规划的类型主要可以分为以下三类。

（1）乡村流水景观

乡村流水景观的规划原理主要是借助地形高度差营造水体落差，无论是人工水景还是自然水景都是如此。各种景观水面形态各有不同，河床形状及水的流量、流速都是研究流水景观的必要条件，也正是这些因素的共同作用，给人带来视听乃至触觉上的冲击，还有更多可供探索的景观功能。自然流水往往以线型偏多，水池型流水大多是人造水景，线型流水受到地形、地势的影响，具有固定的生态系统，形成相应的生态景观廊道。不同的景观构成要素也有所差别，有纯自然景观、纯人工景观，还有自然景观中夹杂人工景观的，这就要求治景技术和应用要因地制宜，根据不同的景观形态设计相应的方案，使不同的景观都能发挥各自的生态作用。总之，乡村流水景观要注意区分自然流水景观和人工流水景观。

①乡村自然流水景观

自然流水景观规划，一是对于客观存在的水系环境，根据其场地的地理条件、水资源、气候、汛期等自然规律与河道地质、植被等自然条件，结合水系形式特征与流域人文背景，形成总体规划思路；二是找出造成流域环境生态干扰的不良因素进行针对性的优化规划，对水体、水岸线、护坡、河道、桥梁、建筑、观景平台、道路、植被等主要环境景观因素进行合理整治与建设，调整水域环境的景观生态格局，保持并突出水系的生态景观优势，构成区域景观环境，使自然景色与流水形态显现最佳的风景表现力。自然流水景观的作用受河流长度和流域面积的限制。河流景观从规模上可习惯性分为江、河、溪，即大、中、小三类，长度与流域面积均有很大的差异。不同河流规模对流域环境所产生的景观效应有宏观与微观的差别，涉及的环境问题和景观功能也各异。

其一，大型河流景观。大型河流通常指长度为数百公里以上、流量大、水域面积辽阔，对区域生态格局、气候的形成产生主要作用，对区域人文具有重要影响的著名河流。大型河流景观是一个内容庞大的系统景观，由于其尺度规模和系统功能，人们常常以中、远视距关注它的景象，而非近距离地注视，并从区域环境的生态发展与应用需要考量其景观格局与形成，这对其景观规划提出了特定的要求。大型河流的景观规划需根据流域原生态格局、水流特性，结合区域人文和社会生产、生活发展对水系生态条件的影响，构建具有多重功能与价值的流域景观系统。这个系统中的景观规划将依据河流流线特征，分区域、分系统、分段落进行，以实现生态景观功能与景观服务价值的最大化，由此构成景观现象的综合性与多样性。这体现出设计对流域环境中具体景观的表现所采取的模糊性倾向，对各系统相互作用而形成的区域景观则强调整体性。

其二，中小型河流景观。中小型河流的流域面积和流量都小于大型河流，但其对于周围生态环境和气候也有相应的影响，能提供相应的景观服务，并会在一定程度上影响当地人的生活习惯。相比于大型河流景观，中小型河流景观不仅总量多，而且便于近距离观赏；流量小、面积小，也更容易控制水量，以免发生干旱和洪涝灾害。中小型河流景观便于控制和改造，简单的生态系统可以按需设计成符合当前景观功能和整体风格的形态。环境的生态系统不仅需要整体的和谐统一，还需要强调区域的互补性和功能性相协调。

②乡村人工流水景观

乡村人工流水景观是一种从根本上改造原景观形态的设计方案，这种景观原本是不存在自然水体的，是在原本的基础上嵌入了人工水流，进而改变了整个景观的格局。这种景观的设计与原场地的生态要求及地形、地貌和周边景观状况等要素都有相应的关系，还要考虑引入人工流水之后会不会对周围动植物造成影响，以及水流是否适应当地气候等因素，之后才考虑水流量和水域规模及流水形态等水体自身问题。嵌入人工流水景观的目的并不只是美观，还要考虑能否与其他生态环境形成一个小的生态循环系统。人工流水景观在设计之时多采用小流量，在整体景观中形成点缀，成为点睛之笔。

（2）乡村滨水景观

滨水景观环境设计指的是人们围绕有关水环境的各种主题，利用环境中已有的自然水域和人工水资源条件，通过与环境条件相适宜的设计手法，展开的一系列治理、营建、改造、防护及种植等设计活动，其目的是达到改善和优化生态环境的效果。根据滨水环境中人们的行为特征和视觉需求，针对景观物象进行符合生态规律和视觉规律的设计还应彰显滨水环境所特有的生态条件、自然风光和景象效果，从而为人们营造和谐安全、丰富多彩的居住环境。设计对象通常包括多种不同的水域载体和周边环境，如河道桥梁、防洪堤坝、水体设施等。滨水景观环境设计除了以水为主题外，还要结合岸畔等陆地环境因素。从场地范围的角度看，相比于人工水景环境设计，滨水景观环境设计的规模要更加广阔、宏观，所涉及的关系也更加丰富和复杂，主要有生态关系、景观关系和行为关系等。展开滨水景观规划工作之前，规划者要充分掌握当地的环境条件、气候变化及其他自然情况，特别是一些突发性的灾难问题和人们的活动行为表现，以及水系环境的变化规律，应针对可能发生的灾害或潜在的风险问题建立完善的防护措施、制定相应的解决策略，从而保证之后的实施工作顺利完成。

（3）人工生态水景

人工生态水景指的是在陆地环境中，人们通过人工引水的方式建设的一种具有生态作用、视觉形态和人文意义的景观物象，如人工建造的喷泉、植物的绿化配景、动物的养殖配景等，此外还有相关的用水和取水设施，这些都是最常见的人工生态水景。人工生态水景的建设实际上是对水的物质功能设施进行视觉化处理，采取多种不同的技术方式来模仿或移植自然界中的水现象，并融入一些当地的文化特色和民风习俗等因素。一般情况下，陆地水景在缺水或无水的场地环境中建设，这样既能够改善环境的生态条件，加强场地的视觉景观效果，凸显独特的文化象征，又能够为人们的生活增添乐趣，提高人们的生活品质。然而在缺水环境中建设人工生态水景会存在很多问题，如引水成本高、生态条件差等。规划人工生态水景的过程中，规划者要结合当地的经济能力、气候条件和环境情况等多方面因素进行整体思考与设计，确保人工生态水景具备多种效能和作用，将其生态功能充分发挥出来，并呈现出良好的视觉效果。若设计层面过于单一、思考因素不够全面，则会造成严重的不良后果。

3.乡村水景生态景观规划的方法

通过长期的使用和了解，共有两种造景方式可供选择，即以水造景和借水为景，这两种方式都可以改造场地，使场地环境脱离单调，并丰富场地的功能。此外，对于提高资源利用率、保护生态也可起到良好的作用。

（1）以水造景

因长期生活在缺水甚至无水的环境当中，人们摸索出了引水及用水的经验，如以水造景。以水造景在使生存环境得到改变的同时，原有的场地生态格局也得到一定改善，水草葱郁取代了原有的旱荒，人类有了赖以生存的环境，这些功能性的引水、蓄水的条件、设施，也演变为场地环境中至关重要的视觉要素，由此衍生出场地功能景观的多种作用。以水造景的作用主要如下。

其一，间隔作用。间隔指的是用沟渠水池等将场地分隔开，使每一个部分在视觉上都错落有致。能合理运用每一部分的生态作用，也能优化整体生态系统，不仅能达到改善整体布景的目的，还能优化结构，使利用率最大化。

其二，主题标志。主题标志指的是根据原有的景观形态和特有的效果，在特定环境中形成相应的主题地标，以吸引游客的注意。动态水景多以瀑布、喷泉等为主，静态水景则多以湖、池等为主，且每种水体景观都有自身独有的特征。

其三，点缀作用。点缀指的是在整体景观中灵活引入少量水体作为衬托，增添视觉上的层次性。这种点缀式的嵌入型水体主要讲究水体和环境的相容性和水体在环境中的作用，动态和静态并没有本质上的差别，只要整体环境上是和谐的，那么动态、静态皆可。这种造景方式决定了水体必然不是主景，却能衬托主要景观，避免景致的单调性，引发游客不一样的心理感受。

其四，底衬作用。底衬的主要作用也是衬托，但与点缀不同的是，底衬以水体作为背景，强调色调的和谐，这类景观需要注意水体的色彩、形态和所处的地形环境。

（2）借水为景

在文明的发展过程中，人类和自然水系之间形成了一种特殊关系和人类视觉上的主观要求，人们在尊重自然、顺应自然、尊重客观规律和自然条件的基础上，不断地寻找有利于自身生存和满足自身审美的环境，人们所得到的答案就是将自然水系改造成景观。为了达到这一目的，人们利用护栏、桥梁、山石等不同的景观和自然水系相配合，将用水设施等工具构建成景观的一部分，使自然和人类的工业产物完美结合，让它们相互衬托、相互对比，达到多重的美感，这种美感的表现形式主要有下面几个方面。

其一，映衬作用。映衬作用主要是指在一些比较辽阔的地方，如水面或者连绵的山川植被等，这些画面占比较广阔的景象会对占比较小的工业文明的产物具有映衬作用。映衬作用主要分为两种：第一种是影像的映衬，主要适合辽阔的水面、较平静的湖泊和沼泽等，可以将岸边的景色完整地表现出来；第二种是衬托的映衬方式，这种映衬方式一般用在一些不是特别稳定的水系旁边，主要适用于海洋和河，流水在不断变化的过程中会对光影有一定的折射，这种折射所形成的效果就是一种较好的映衬效果，能够对水域周边的景色进行衬托，让周围的景色处在一个变化的过程中。

其二，连带作用。绝大部分情况下，人们居住的聚集地都在水系两侧。连带作用表现在人们自古以来都在水旁边生存的规律。水是人类社会构成的最基本的条件，这种水与人类和谐相处的形式从古至今依然适用，在建造自然景观的今天，这种形式也被带入其中。水具有一定的形态，因此，水的形态对人类视觉的影响及整体构图的改变都是在景观规划中要考虑的重要参考因素，水特有的流动性更是把这一点变得更为复杂。故而在进行景观规划的时候，要形成一个关乎人类视觉和大自然环境的景观系统，而不是简单地设计一些局部的景观。景观规划过程中，应该根据场地和水的条件及人们的基本需要对场地的各项功能进行合理的规划。进行建设的同时，应该根据自然条件进行发挥和改造，应该顺应自然的发展规律，而不是强行使用一些定式去完成规划。

其三，人与水的关系。人和水之间的亲密关系在人和水共存的过程中是十分重要的。不同的水系能够为人们提供的活动范围和活动类型是不一样的。水不是特别深的地方，人们可以选择漂流；而在一些水域比较广阔、比较深，而水面比较平静的地方，人们可以游览、钓鱼等。因此，针对不同的水域，人们所建造的设施是不一样的，这些设施应该符合人在这片水域中活动的需要，应该保证人们的安全，并且具有一定的自由度以完成其活动。如在漂流的水系中，应该保证河道的干净；在一些玩水的场景中，应该添加护栏和照明的设施；在一些潜水的地区，应该尽量消除一些可能将人困在其中的隐患；在一些人群活动比较密集的地方，应该考虑的是如何保护水，减少人们对水质的污染，保证自然环境的稳定。

（四）乡村河道植物景观规划

目前我国乡村河道生态严重退化，而植被的破坏是造成河道生态环境破坏和景观质量恶化的重要原因。针对乡村河道现状，许多专家提出了一些整治措施，其中重要的方法是河道植物的生态设计，通过纵向与横向的宏观、中观、微观的植物规划与设计，在稳定河岸的同时恢复植被，重建河道及河岸的植物生态系统，从根本上发挥乡村河道植物的生态功能、经济功能、景观功能等综合功能。乡村河道植物景观是指乡村地域水岸线一定范围内所有植被按照一定结构构成的自然综合体，指在乡村地域河道岸线的一定范围内，所有植物（包括水生植物、水缘植物、远水陆生植物）按照一定群落组成模式所形成的整体景观。乡村河道植物景观不仅应包含视觉上的美感，还应有生态效应上的美感和功能上的满足。从视觉上，植物应成为美的重要组成部分，是创造美的主要材料；在生态上，植物是生态环境的基础，是生态景观群落的适当构成，是自然化景观再现的基础。

1.乡村河道植物景观规划的原则

（1）乡村河道植物景观规划的生态性原则

乡村河道植物景观生态规划的目的是遵循大自然的生存法则，使生态学的竞争、共生、再生和自生原理得到充分体现，设计中应尊重地形、地貌，尊重自然环境。乡村河道植物景观规划要依据生态科学要求，遵循自然生态规律，时刻考虑植物的生态习性，构建优美的乡村河道植物景观，美化环境。生态性原则具体包括如下几个方面。

①自然性原则

乡村河道植物景观规划要建立正确的人与自然关系，尊重自然、保护自然。构建共生型的植物景观，在以人为本的前提下，考虑人、动物、植物共生互存的生态环境，依靠植物景观"基底 — 廊道 — 斑块"的建设创造所有生命栖息的乐园。

②连续性原则

丰富多样的植物可以提升河道生态系统的稳定性，人类活动必须重视维持河道的连续性，不可人为故意切割水域、阻断水路之间生态系统的连接，如果生态系统遭到破坏，那么河流会逐渐干枯。河道的方向主要有三个，即纵向、横向及垂向。纵向上，如果是完整的河道，则应该存在河道源头、河道中游、河道下游；横向上，应该存在河道干支流、河道洪泛区、通江湖泊，生态系统的多样性依赖于河道和洪泛区之间的联通，二者的联通能够带来脉冲式水流，而脉冲式水流有效地保障了空间生物的多样性；垂向上，河道生态系统在建设时应该尽量保障植物群落的水陆梯度变化，植物群落中应该包含水生植物、湿生植物、中生植物，呈现出植物的水陆变化过程。

③多样性原则

河流具有丰富多样的特点，呈现出的水际边缘效应是河流独有的特点。如果河段情况允许，还可以人为引入人工湿地、人工河湾、人工沙洲等人工形态的景观，以有效地改善河流的形态，提高河道生态系统的多样性，同时带来外在的美感。

（2）乡村河道植物景观规划的整体性原则

乡村河道植物景观规划的整体性原则主要体现在以下两个方面。

①功能分区的整体性

河流功能区划以河段为单元，综合河流自然资源属性、生态与环境属性、经济社会属性和经济社会发展需求等主要因素，按照河流河段自然、生态功能要求和规划期经济社会发展对水资源开发利用的需求及生态与环境保护的目标要求等，采用四类河流功能区区划体系进行功能区划分，分为生态保护区、生境修复区、开发利用区、过渡区等。

②空间形态的整体性

乡村河道空间形态的演化中，河道的物质形态环境主要探讨两个层次的内容：一是乡村河道与乡村的整体框架结构的关系，二是乡村河道自身空间中组成要素之间的联系。具体来说，应该处理好"四个关系"：一是要处理好和乡村整体河道规划之间的从属关系，新河道的规划应该符合乡村或者乡村对河道的整体规划，在此基础上设计自身河道的特色；二是要处理好和乡村整体防洪建设之间的配套关系，要做到水安全、生态及文化的有机统一；三是要处理好和旅游景观之间的协调关系，河道建设应该不影响整体的防洪排水功能，在此基础上可以优先设计景观，以景观建设需求为首；四是要处理好与居民建设的融入关系，体现人本思想，重视水与驳岸的边缘、驳岸与步道的边缘等的有机衔接，关注水域内各类植物、水体、景点与人的亲和性，关注人的可达性。

（3）乡村河道植物景观规划的功能性原则

乡村河道植物景观规划的功能性原则是指河道植物的观赏功能、河道植物的空间功能、河道植物的游憩功能。

①观赏功能

植物本身所具有的形态、香味能够带给人视觉最直观的冲击和感受，所以在进行乡村河道植物景观规划时，应该了解植物自身的特性，注重分析植物本身所具备的观赏要素，通过协调植物观赏要素和其他要素之间的关系展开设计。现代河道植物景观规划的一个很重要的方面就是运用现代的手法整治水域，尽可能多地考虑人们的心理感受，重构具有亲和力的亲水空间，打造人类与水域的和谐关系。

②空间功能

植物可以将空间进行划分，形成比较开阔或者封闭、弱封闭的空间形态，通过种植方向、植物自身高低的不同，还可以利用枝叶进行透景景观、漏景景观、框景景观的创造。除此之外，可以利用地形创造林冠线景观与林缘线景观。在进行乡村河道植物景观规划的过程中，必须针对不同的功能展开不同的设计。例如，在相对开敞的地区可以设计栽种身形相对矮小的陆生植物或者浮水植物，在疏林区域可以适当利用植物设计视线分离，在密林区域可以利用身形比较高大的陆生乔木或者灌木，形成相对封闭的景观。

③游憩功能

河流是户外游憩空间的一个重要组成部分。乡村河道是乡村生态景观美的灵魂和历史文化的载体，是地域内风韵和灵气之所在。乡村河道的植物绿化景观能调节和弥补乡村结构存在的诸多不足，加上人的亲水性特点，越来越多的人将乡村水域环境作为户外休闲、聚会、娱乐的首选。

（4）乡村河道植物景观规划的艺术性原则

乡村河道植物景观规划中要运用美学原理，考虑景观构图，从植物景观的色彩设计、质感设计、季相设计、空间组合等方面，组合成优美的植物景观。

①形式美

形式美通过植物及构成的景观来体现，通过景观规划，能够带给人心理上的愉悦感。可以通过设计不同的植物色彩、不同的植物形态形成不同的植物形式美，通过巧妙的组合、精心的设计、精美的布局，呈现出富有形式美的景观构图。

②时空观

不同的时间，植物存在不同的生长状态，因为植物生长状态的变化形成了"三时有花，四时有景"的景观效果。除此之外，不同的植物生长速度也有不同，应该考虑生长时速不同的物种设计，为园林未来的景观效果考虑。园林的空间设计应该注重植物形态、数量的选择，通过合理组织植物的高低、多少及山水规划实现景观规划的扬长避短。

③意境美

乡村河道植物景观规划应该有效合理地安排，表现植物的形态美、气味美、神韵美，植物也有自身的品格，科学合理的设计植物种植能够使人触景生情，实现人类和植物的情感融合。植物自身的花开花落、万紫千红都能够让人们感受到自然的气息，为人们带来嗅觉和视觉上的冲击，让人产生一种置身大自然的悠闲舒适，不同的景观规划能够带给人们不同的心理感受。

2. 乡村河道生态植物种类的规划

（1）乡村河道生态植物种类选择的要点

乡村河道生态植物种类选择的要点如下。其一，生态适应性。植物的生物学特性及其对生态条件的要求与当地实际外界环境相适应的程度，统称为植物的生态适应性，它是植物在长期进化过程中形成的生物物种的系统特性，是长期的自然和人工选择的结果。根据生长习性的不同，可以将河道植物分为常水位以下的水生植物、河坡植物、河滩植物和洪水位以上的河堤植物四大类。不同位置的河道植物选择具有明显的差异性：常水位线以下且水流平缓地带，应合理搭配生态性明显的沉水植物、浮水植物、挺水植物等水生植物；河坡植物是由该地带具有河道水土保持的功能所决定的，因此要选择固土、保堤的植物；河滩植物以湿生植物为佳，须具备短时间耐水淹特性，搭配原则上要突出层次感，主体为多年生草本和灌木植物，乔木的选择要确保不影响行洪排涝；洪水位以上地带鲜少受到洪水或涨潮之类的自然现象影响，因此是景观营造和绿化的主要地带，所以在植物的选择上以多样性、观赏性的本土自然成林的品种为主。其二，生态功能优先。植物在净化水域、土壤、空气，固土护坡，维持生态环境的稳定状态方面的价值是最主要的。同时，这是河道生态建设制定防污、治污举措的核心宗旨和未来目标。因此，在植物种类原则上，一是要考虑预选的植物种类是否具备以上生态功能，二是对河道其他功能、所处区域等的考虑。其三，乡土植物为主。乡土植物是在一个地区特定环境条件下稳定的植物群落，它们土生土长，千百年来在当地生长发育，繁衍后代，具有对当地环境最高的适应能力。而且，由于适宜的环境，植物的各种生理、生化、生态功能都能正常运转。从这个角度来讲，河道绿化的必选一定是保土、固坡、耐湿能力强的乡土树种。同时，考虑到河道的具体环境特征和自然形态，在丰富河道绿化植物多样性的过程中，要格外注意外来植物的慎重选择问题，既要为微生物、水生植物创造绝佳的生存环境，又要避免外来植物入侵所带来的不必要的危害。其四，抗逆性。植物的抗逆性是指植物具有的抵抗不利环境的某些性状，如抗寒、抗旱、抗盐、抗病虫害等。针对不同区域，应选择不同类型的植物。

（2）不同乡村河道生态植物种类的选择

①一条河的不同河道选择的植物不同

从功能发挥的角度来考虑，河道的开发利用和生态保护应成为河道植物设计的核心和关键。一条河的不同河道选择的植物如下。

其一，生态保护河段。生态保护区植物设计要突出自然、生态、经济特色，强调原生态植物群落概念，设计采用地带性植物为主的多物种生态原则，尽可能多地布置多物种的植物群落，并且需要适当挖掘当地特色生物资源，保护珍稀濒危资源。并适当考虑乡村居民的生产生活习惯和喜好，尽量种植具有较高经济价值的生态经济型植物，以便日后承包给当地居民养护，节约工程运行养护费用，兼顾防汛功能。生态保护区的护岸多建设成生态驳岸，主要依靠河岸带植物的地下根系及地上茎叶的作用保护岸坡，不添加任何人工元素，选择适宜的植物是构建生态型驳岸的一个重要环节。例如北京市云蒙山自然保护区中的河道岸线剖面，其中护岸无任何人工材料的掺和，选用本地原生的香蒲、大油芒作为柔性护岸植物，在岸线缓冲带种植当地特有的黄檗、紫椴、青檀、核桃楸等乔木，搭配刺五加、野大豆等当地草本植物，从而营造出宜人的岸线植物景观，同时很好地保护了核桃楸等珍稀植物。

其二，生境修复河段。生境修复河段出于恢复河道生态功能的目的，可以采取以下措施：一是应用生态型护岸，以取代传统混凝土护岸；二是创建多样性的河流生物栖息地，改变传统植被缓冲带代替人工堤岸的方式，使河道的生物栖息地、生物廊道、滨岸过滤带、生物堤等生态功能得到真正实现。在生态修复区的景观建设过程中，要重视野生植物与人工营造植物的结合设计，如沉水植物、浮水植物、挺水植物、沼生植物、湿生植物等，植物种类包括乔木、灌木、藤本、草本、花卉等。

②不同地理类型河道选择的植物不同

根据河道地区分类，河道可分为山丘区河道、平原区河道、沿海区河道。

其一，山丘区河流源短流急，主要河流坡降大、暴雨汇流历时短，汛期洪水集中快、涨幅大，冲刷严重，防汛任务非常艰巨。应根据河道的类型、功能、区域和坡位构建植物群落，确定河道生态建设的植物种类。根据山丘区河流等实际情况，从分析灾害的成因、特点入手，提出调整坡降、稳定河槽、防止河床冲淤等具体技术措施。植物应选用耐瘠薄、抗冲刷的植物种类，应选用须根发达、主根不粗壮的植物，否则粗壮的树根过快生长或枯死都会对堤防（护岸）、挡墙的稳定与安全造成威胁。

其二，平原河网地区上承山洪，下受潮汐顶托，地势低平，排水不畅，洪涝不断。针对这些地区存在的问题，要加强水生植物的处理、生态护岸材料的利用等，植物选用耐水淹、净化水质能力强的种类，如池杉、芦苇等。

其三，沿海区河道土壤含盐量高，土壤有机质、氮、磷等营养物质含量低，岸坡易受风力引起的水浪冲刷，植物生长受台风影响很大。因此，要选用耐盐碱、耐瘠薄、枝条柔软的中小型植物种类，如柽柳、夹竹桃、海滨木槿等。否则植物冠幅大，承受的风压也大，在植物倒伏的同时，河岸也可随之剥离坍塌，在河岸迎水坡应多选用根系发达的灌木和草本植物。

3. 乡村河道生态植物群落的构建

乡村河道生态植物群落作为河流生态系统的一个重要组成部分，具有重要的生态功能、美学功能和社会经济功能。只有健康稳定的乡村河道生态植物群落，才能使河道生态建设治污措施发挥出应有的生态效益、经济效益和社会效益。具体而言，乡村河道生态植物群落的类型主要如下。

其一，水际湿生植被带。水际湿生植被带由湿生植物构成，受淹时间长，受到水深、光照、水流速度、风浪的影响大。水际湿生植被带的植物主要有两种：一是挺水植物群落。挺水植物是指根茎生长于水的底泥之中，茎、叶挺出水面的植物，常分布于浅水处，有的生长于潮湿的岸边。挺水植物种类较多，常见的挺水植物有千屈菜、菖蒲、香蒲、泽泻、野慈姑、水鸢尾、水葱、芦苇、黑三棱等。挺水植物要根据植株的高度进行配置，沿常水位线由岸边向河内分布，挺水植物种类的高度应形成梯次，以形成良好的景观效果。二是沉水植物群落。沉水植物是指根扎于水下泥土之中、全株沉没于水面之下的大型水生植物，常见的如菹草群落、马来眼子菜群落、水毛茛群落、篦齿眼子菜群落、狐尾藻群落、大茨藻群落、穿叶眼子菜群落、黑藻群落等。

其二，开敞植被带。开敞植被带邻近水源，容易被涨潮时的水淹没，所以在植被的选择上应以耐水湿能力较强的草本群落为主，常见的耐湿草本植物有肾蕨、酢浆草、细叶结缕草、狗牙根、地毯草、白茅、百喜草、狗尾草等。开敞植被带便利了水陆物质与能量交换，提高了陆地空气质量，调节了气温，这主要是由于开敞植被带拥有大面积植物和草坪覆盖的开放空间及平坦地面，形成了欣赏风景的透景线。

其三，疏林草地带。耐湿能力较强的植物种类应成为疏林草地带合适的选择，常见的具有较强耐湿能力的树种有垂柳、龙爪槐、榔榆、桑、杜梨、柽柳、紫穗槐、落羽杉、池杉、枫杨、棕榈、水松、榉树、乌桕、重阳木、白蜡、丝棉木等。由于疏林草地带多稀疏散落的乔灌木，所以形成了便于大众开展户外活动的半开敞绿地，岸线景观中半实半虚的空间多由此而来。

其四，密林带。密林带是滨水绿带风景林的重要组成部分，主要植被结构有乔木、灌木、草地，具有结构稳定、封闭性好等特点，在确保水体空间的相对独立性方面发挥着极大的作用。

其五，河滩和沙洲。河滩和沙洲的形成与水位有关，所以河滩和沙洲地区的植物配置要具有耐水冲、根系发达的特点，以乔木、灌木、草地结合为主。考虑到部分地区河道承担着泄洪功能，这些地区的植被应以灌木、草地为主。

二、乡村生态景观规划的实践

乡村生态景观规划通过对乡村资源的合理利用和乡村建设的合理规划，实现乡村景观优美、稳定、可达、相容、宜居的协调发展。乡村生态景观规划的实践需要把握好实践的要求和流程。

（一）乡村生态景观规划实践的要求

1. 保护生态环境

在现代社会的发展进程中，由于只追求经济的迅速发展，相关负责人不顾乡村原本的自然生态环境，在乡村大肆发展重工业，导致土地退化等自然灾害频繁发生，严重破坏了生态环境，原始的乡村生活状态被打破，让乡村的诸多方面受到了损害。因此，乡村生态景观规划者应当运用科学的景观规划设计理念，尊重自然生态环境的发展规律，合理规划乡村景观，以此建立一个生态健康、科学发展、环境优美的乡村景观空间。

2.促进乡村发展

乡村生态环境的发展会因为注重开展开发性的产业，如围湖造田、坡地开荒等，对乡村资源和环境造成了破坏，严重地制约了乡村的健康发展。因此，乡村生态景观规划者要认真调研，全面了解乡村各方面的情况，合理利用资源，构建科学的环境体系，是乡村生态景观规划者在规划设计中必须注意并完善的地方。要做到既考虑方案的落地实施，又遵循科学发展的原则，才能对乡村生态环境的发展做到统筹规划。

3.满足居民需求

乡村生态景观设计归根结底是为乡村建设服务的。因此，乡村生态景观规划者更应该注重当地居民的内心感受，从居民的心理需求出发，维护居民心中向往的景观脉络和文化活动，并以此作为景观设计的出发点，通过现代的设计理念，尊重当地地域文化特色，营造出符合当地居民的生产、生活以及生态空间。这样既尊重当地居民的生活习惯，又延续了乡村地域特色的景观规划设计，才是真正满足居民的需求、真正符合乡村建设与发展的生态景观空间。

（二）乡村生态景观规划实践的流程

乡村生态景观规划实践的基本过程包括测绘、收集资料、数字化、现状机遇分析、确定目标、总体布局、工程设计、施工、验收评价和管护，但因不同的项目，其建设目标、内容、规范不同，设计程序有一定差异。具体而言，乡村生态景观规划实践中的常规流程如下。

第一，收集资料和数字化。乡村生态景观规划实践要尽可能收集项目区地形地貌、土壤、气候、植被、自然灾害、土地利用、地质条件、耕地质量等数据，建立空间数据库。乡村生态景观规划实践中重点收集和调研土地退化、水土污染情况和生态景观特征的有关数据，并了解历史变化；要在地理信息系统（GIS）支持下，构架大比例尺空间数据和属性数据库。

第二，现状、问题和机遇分析。乡村生态景观规划与设计要解决的是人类与自然之间的相互关系问题；要根据项目建设目标和人类对生态景观服务功能的需求，分析生态景观服务功能供给现状、存在的问题和机遇，确定分析评价乡村生态景观规划的方向（生物多样性保护、乡村生态景观特征提升、水土安全和防灾避险）、建设原理和工程技术措施。

第三，确定规划设计目标。乡村生态景观规划实践中要充分考虑不同利益相关者对项目建设的要求，确定地域生态景观问题，开展生态景观构想，设定地域的景观建设主题和定位。生态景观和绿色基础设施是两个整体，虽然有不同的内涵，但基本内容和意义是一致的，应大力提高地域生态景观的特征提升、生物多样性保护、历史遗产保护和传承、水土安全、防灾避险、应对极端天气事件和全球气候变化的能力，恢复生态系统的生态服务、乡村文化游憩等功能。乡村生态景观规划实践中要根据项目区大小进行项目区生态景观分区，提出各个分区的生态景观服务功能提升要求。

第四，项目总体规划布局。乡村生态景观规划实践中要合理安排土地利用、土地平整工程、灌溉与排水工程、田间道路工程、防护林与生态环境保持工程、土地损毁修复工程、土地污染修复工程的空间布局。乡村生态景观规划实践中要利用景观格局与生态过程的关系原理，整合和合理安排农业基础设施，优化整体布局，确定各类农业基础设施的空间布局、类型、规模，并提出生态景观化建设要求，绿色基础设施空间布局、类型、规模和建设质量，生态景观服务功能提升工程的技术措施。

第五，工程设计。乡村生态景观规划实践中要按照项目总体布局和目标要求，通过现场勘察开展每项工程场地分析，包括场地内部与场地外部或整体的关系，通过场地内部土壤、水文、生物等各要素的分析，把握场地与周围区域的关系、景观特征，进一步分析项目区景观格局与生态过程关系、社会经济活动的承载力、不同级别和不同位置的道路和渠道的直接功效及生态景观服务功能，确定不同级别、不同位置、不同区段道路和渠道的建设标准和建设技术。乡村生态景观规划实践中要加强农业基础设施修复，提升工程设计水平，尽量减少新建，对比分析设计前和设计后的工程效果，定性或定量描述每项工程的生态景观化建设原理和对生态环境的正负影响。乡村生态景观规划实践中要提高公众参与度。生态景观设计是一个循环反馈的过程，是一个不断地分析、咨询、测试、改进与完善的设计过程。乡村生态景观规划和施工中，应建立工程技术标准、工程设计要求和程序、施工记录，以技术控制和过程控制来保证工程质量；在工程评价和验收中，应增加对土地利用、空间格局、生物多样性、生态环境质量、美学、游憩的评价。各类建设项目应将乡村生态景观规划内容有机融入测绘、资料收集、数据库建设、分析评价、项目总体设计、工程设计、施工组织、后期管护、效果评价和监测项目的全过程，制定规划设计过程的评价指标，完善规划设计导则，推进过程控制管理；要从规划过程上控制是否生态化，包括土地利用、空间格局、村镇发展、植被和自然保护区、生物多样性、建设用地和工业、娱乐休闲、历史文化遗产、乡村生态景观特征、水资源和水文过程、土壤质量和水土流失等。

第五章　绿色产业：乡村产业的生态化发展

新时代，乡村振兴与乡村发展必须坚持尊重自然、顺应自然、保护自然的原则，守住人类发展中的自然生态安全边界。基于此，乡村需要发展绿色产业，促进乡村产业的生态化转型。本章从农业、工业和旅游业三个方面探究了乡村产业的生态化发展，即发展生态低碳农业、发展乡村绿色低碳工业、发展乡村生态旅游业。乡村要积极促进产业的生态化转型和产业融合，以助力环境保护、乡村产业振兴与农民增收致富。

第一节 发展生态低碳农业

一、生态低碳农业的理论概念

（一）生态低碳农业的定义

生态低碳农业是生态农业与低碳农业的结合，因此在厘清生态低碳农业的定义前，需要厘清生态农业的定义与低碳农业的定义。

1. 生态农业定义

生态农业指充分利用农业资源循环再生的原理，合理安排物质在系统内部的循环利用和重复利用，来代替石油能源或减少石油能源的消耗，以尽可能少的投入，生产更多的产品，是一种高效优质农业。生态农业从经济的角度看，节约原料和燃料，从环境的角度看，减少污染物排放，减轻污染。

2. 低碳农业定义

农业农村部对低碳农业作出定义："低碳农业是指以减少大气温室气体含量为目标，以减少碳排放量、增加碳汇和适应变化技术为手段，通过加强基础设施建设、产业结构调整、通过土壤有机质、做好病虫害防治、发挥农村可再生能源作用，实现农业生产和农民生活方式转变，实现高效率、低耗能、低排放、高碳汇农业。"[1] 简言之，低碳农业可定义为较少或更少地向大气排放二氧化碳等温室气体的农事活动或农业生产。

3. 生态低碳农业

生态农业、低碳农业都是替代石油农业的绿色农业模式，虽然它们在定义、内容方面存在很多差异，但本质上是一致的，主要表现在以下几个方

---

[1] 梁吉义：《绿色低碳循环农业》，中国环境出版社，2016，第24页。

面。其一，生态农业、低碳农业生产的目的都是替代石油农业，克服石油农业带来的高耗能、高污染、高成本等一系列弊端。其二，生态农业、低碳农业生产过程都力求合理利用农业资源，多利用、少排放，有效保护生态环境，农业发展与自然界和谐相处，促进人类社会的可持续发展。其三，生态农业、低碳农业生产体系都主张使用有机肥料，不使用或少使用化学物质（农药、化肥、激素等），防止对生态环境的污染和农产品的污染，保障农产品的质量安全。基于生态农业、低碳农业的共同点，可以将生态农业、低碳农业两者融为一体提出生态低碳农业。可以说，生态低碳农业本身就是一个可持续农业系统有机整体，是更深层次的现代可持续农业系统。

（二）生态低碳农业的特点

一个农业是否是生态低碳农业，应该从以下几个特征加以判断和理解。

1. 生态低碳农业具有综合性

在乡村以生态、低碳为理念发展农业，核心要点是发挥出农业生态系统的整体功能，坚持以整体、协调、循环和再生的原则发展大规模的农业生产。立足全局，对乡村农业的结构进行调整与优化，协调农林牧副渔各个行业，推动乡村三大产业整体发展，查漏补缺，各行业之间形成良性互补，使综合生产能力不断提升。

2. 生态低碳农业具有多样性

我国地大物博，各个地区的农业发展环境不同，不同的自然资源、经济基础、社会发展水平，产生了差异极大的农业发展格局。我国生态低碳农业也在此基础上，充分吸收了传统农业的特性，以先进的技术为手段，组合出多样化的生态工程和技术装备的农业生产。这样做的一大好处就是能够扬长避短，各个区域的生产优势能得到发挥，并匹配上各地社会市场的实际需求。

3. 生态低碳农业具有高效性

在生态低碳农业中，物质循环和能量多层次综合利用能显著地增加企业的收入；与此同时，还能实现废物资源化利用，减少农业生产的支出；此外,此举还能快速提供大量长期的工作岗位,留住农村人口,缓解"空心化"问题。

4.生态低碳农业具有持续性

农村大力发展生态低碳农业,有利于保护、治理当地生态环境,缓解生产生活带来的环境压力,还能增强农产品的安全性。将原本的农村经济常态发展升级为可持续发展,将环境效益融入经济发展中,一方面想方设法满足现代人对农产品大幅增长的需求,另一方面找到生态保护与经济收入的平衡点,使农业发展更有动力。

5.生态低碳农业具有低碳性

生态低碳农业是利用低碳高新技术,使农业生产实现低消耗、低投入、高效益的一种资源节约型可持续发展农业。生态低碳农业是在发展过程中,将产前、产中、产后的高碳排放等不利因素降到最低水平,保障了农副产品的质量和安全,是一种安全型农业。生态低碳农业是将"高能耗""高排放""高污染"的发展方式转变为"低能耗""低排放""低污染""高碳汇"的发展方式,有效保护了生态环境,增加农业碳汇量,是一种环境友好型农业。

二、生态低碳农业的基本原理

生态低碳农业是针对我国农业特点,包含众多优势的农业形式,未来我国农业的发展,必须走向生态化的道路。生态低碳农业要求我国的农业生产和发展必须在相关生物及环境之间建立可以实现多环节物质循环利用和能量流动转化的生态系统,并在这种网络系统中实现农业生产的自我维持和自我调节,产出洁净食品,并保证资源的合理利用和永续利用,防止环境污染和退化。生态低碳农业发展中涉及的基本原理如下。

(一)生态结构与功能相统一的原理

生态系统具有什么样的功能就一定具有相应的结构,反之,具有一定结构的生态系统就具有相应的功能,结构与功能是相统一的。自然生态系统中，生物与环境经过漫长的相互作用，在生物与生物、生物与环境之间建立了相对稳定的结构与功能。生态低碳农业系统是一种半自然的人工生态系统，需要通过人为调节控制生物与环境，来建立一个优化了的生态结构，以保持系统的相对稳定，保证系统功能的正常、高效发挥。

（二）生物与环境间相互适应的原理

生态系统是由生物系统与环境系统构成的。生物与环境之间存在着物质、能量交换关系，环境影响着生物，生物也影响着环境，二者之间相互依存、相互联系、相互作用、协同进化。农业生产实际上是通过生物的新陈代谢将环境中的物质能量资源加工转化为人类所需要的农产品的过程，其转化率是生物与环境相互作用的结果。因此，要按照不同农业生物的生态特性来选择相应的生态环境，或根据不同的生态环境来安排相适应的农业生物，或人为地改造生物与环境，使两者相互适应，以充分利用当地自然资源，提高物质能量转化效率，获得更高的农产品产量和质量。

（三）生物与生物间相互制约的原理

生态系统中有各种动物、植物、微生物，它们之间通过食物、信息相互联系在一起，彼此相互制约。按照这一原理，在生态低碳农业建设中，一要巧设食物链，掌握好生态低碳农业系统中农业动植物之间的量比关系，合理组织生产，挖掘资源潜力；二要合理地保护、利用和增殖生态低碳农业系统中的天敌资源，增强天敌对农业有害生物的自然抑制作用，以尽量减少化学农药的使用，维护生态低碳农业系统的平衡。

（四）生态中整体和区域分异的原理

生态低碳农业具有多组合、多层次、多目标、多子系统的生态结构，且彼此联系、相互交织，形成一个统一的不可分割的有机整体。生态低碳农业系统中某一成分发生变化，必然引起其他成分发生相应的变化，最后导致系统结构和功能的变化。因此，建设生态低碳农业应遵循生态系统的整体性原理，树立整体观点，科学地进行全面规划，整体优化。否则，忽视了某种重要因素，就可能影响全局，影响整个系统的稳定性。生态低碳农业建立在合理利用当地自然资源和社会经济条件之上，不同地区的土壤资源、光热资源、水资源、劳动力资源以及社会历史文化水平等均有差异，因此发展生态低碳农业应遵循区域分异原理。因地制宜，宜农则农，宜林则林，宜牧则牧，宜渔则渔，坚持一业为主、多种经营。

（五）能量多级利用和物质循环再生

能量多级利用和物质循环再生是生态系统的主要功能。正是靠这种功能，生态系统才能不断固定利用太阳能，才能产生各种有机物，为人类提供在合理利用情况下用之不竭的再生资源。食物链是物质循环再生和能量多级利用的主渠道，其既是物质传递链，也是能量转换链。合理设计食物链，多层次分级利用，使一个生产组合的产生（这里指有机废弃物）成为另一个生产组合的投入，即使之资源化，从而实现有机光合产物的再生，进而减少污染，增加土壤肥力。

三、生态低碳农业的模式与技术

生态低碳农业在实践过程中创造出了许多不同类型的发展模式与配套技术。总结推广这些不同类型的发展模式与技术，让广大农业生产者在实施生态低碳农业的过程中得以借鉴、应用和推广，对促进生态低碳农业的发展有着十分重要的意义与作用。

（一）空间立体结构生态系统模式与技术

空间立体结构生态系统模式与技术是指农业生物之间在空间垂直方向上的组合配置，即在某一区域的耕地、林地、水域、农家庭院等土地上，根据农业资源的特点和不同农业生物的特性，在垂直方向上建立由多物种共生共存、多层次合理配置、多级质能循环利用的立体种植、养殖等的农业生态系统模式，从而实现农业资源的高效利用，最少排放废弃物和污染环境，获得更多的物质产量，达到农业经济效益、生态效益和社会效益的高效统一。生态低碳农业中，空间立体结构生态系统模式与技术具体可分为以下几种。

1.农田立体种植模式与技术

农田立体种植模式是指广泛利用现有的自然资源、生产条件和现代农业科学技术，将不同作物及品种按照农田生态规律科学地进行间作、套种、混种、复种等，有效地提高单位土地、单位时间和空间内光、热、水、肥、气等自然资源的利用率，切实做到地尽其力、物尽其用，建立良好的农业生态经济复合体。农田立体种植模式与技术具体有以下几种。

（1）粮菜立体种植的模式与技术

粮菜立体种植的模式大多是在水肥条件较好的精耕细作地区和城镇郊区开发推广，以小麦套种玉米、小麦套种谷子、小麦套种甘薯、小麦套种水稻等一年两熟的粮食作物为主体作物，在保证粮食作物持续稳定增产的前提下，加入经济价值较高的经济作物或瓜类、蔬菜作物，提高单位面积的经济效益。粮菜立体种植的模式在耕作制度上多是从小麦播种开始，将播种带的宽窄、畦面的大小、留套种行的大小以及参与后茬作物及时间一次性确定下来，一年之前即将两茬主体作物间、套、混、复种的瓜类、蔬菜、豆类等经济效益较高的作物列入种植模式计划，一般结合小麦秋种，间作越冬性蔬菜，如菠菜、蘴菜、大蒜、洋葱、大葱等。早春多在麦田内套种小白菜、小油菜、小红萝卜、早熟甘蓝、芸豆等速生蔬菜。主要技术包括小麦、玉米等粮食作物和萝卜、芥菜、大白菜、菠菜、蒿菜、大蒜、洋葱等蔬菜的种植与田间管理技术，农作物之间的空间合理配置与套种技术，施肥技术，行株距比例设计等。

（2）粮棉菜立体种植的模式与技术

粮棉菜立体种植的模式主要是在春棉一熟制地区，通过改革耕作制度，利用其冬闲季节增种一季小麦或间套越冬蔬菜，或者在小麦套种棉花一年二熟制的基础上，利用其棉花套种行间套越冬蔬菜或瓜类等进行开发推广。保证棉花增产或小麦、棉花双增产的前提下，通过间套瓜类、蔬菜等，增加经济收益。在耕作制度上，多在拔棉花柴以后，整地、施肥，确定好种植规格，播种晚茬小麦，留出棉花的套种行，在套种行上结合种麦间作洋葱、大蒜、菠菜等越冬蔬菜，或在第二年早春间作小白菜、小油菜、小红萝卜等速生蔬菜，收菜后于4月中下旬套种棉花。主要技术包括小麦、棉花和蔬菜、瓜类种植与田间管理技术，农作物之间的空间合理配置与套种技术，施肥技术，行株距比例设计等。

（3）粮油菜立体种植的模式与技术

粮油菜立体种植的模式多在水肥条件较好的花生产区开发推广。在小麦套种花生一年二熟制的基础上，利用其套种花生的套作行间套种瓜类或蔬菜。耕作制度上，主要是从秋种开始，扶大垄，在垄沟内播种小麦，在垄上间作菠菜、茼蒿等越冬蔬菜，第二年春季收菜后，套种春花生或半夏花生，并间作西瓜、辣椒等秋菜。主要技术包括小麦、花生、油菜、芝麻、蔬菜、瓜类种植与田间管理技术，施肥技术，农作物之间的空间合理配置与套种技术，施肥技术，行株距比例设计等。

（4）水稻高效立体种植模式与技术

水稻高效立体种植模式以水稻为主体作物，冬春季种植各类经济作物或在水稻田中养殖各种高档水产品，既可保持水稻较高的产量，又可比稻麦两熟制大幅度提高经济效益。一般选用的模式有"洋葱（荷兰豆、大蒜、马铃薯）— 单季稻""简易大棚栽培西甜瓜（草莓、黄瓜、辣椒、茄子）— 单季稻""冬春蔬菜—青糯玉米—后季稻""冬春蔬菜—西瓜、甜瓜（四季豆）— 后季稻""冬春蔬菜 — 单季稻＋螃蟹（青虾、鲫鱼）"等。主要技术包括水稻、马铃薯等作物和荷兰豆、大蒜、黄瓜、辣椒等蔬菜的种植与田间管理技术，螃蟹、青虾、鲫鱼等养殖鱼管理技术。

（5）棉菜高效立体种植模式与技术

棉菜高效立体种植模式以棉花为主体作物，冬春秋季间套复种各类经济作物，既保持棉花的高产，又可大幅度提高棉田经济效益。一般选用的模式有"马铃薯（榨菜）套种棉花""春毛豆（蔬菜）套种棉花套种荷兰豆（萝卜、大蒜）""棉花套种大蒜（西葫芦、西瓜）"等。主要技术包括棉花和蔬菜、马铃薯等种植与田间管理技术，施肥技术，农作物之间的空间合理配置与套种技术，施肥技术，行株距比例设计等。

总之，乡村居民可以通过立体种植、高效栽培，利用当地的自然资源、生产条件，因地制宜地改革和运用各种各样的立体种植模式，充分发挥自己的智慧和才能，不断地挖掘土地的增产潜力，加快生态低碳农业发展。农田立体种植模式是增加农业收入、科学致富的重要途径。符合中国人多地少、精耕细作、集约经营等国情特点，有着强大的生命力和广阔的发展前景。

2.水域立体养殖模式与技术

生态低碳农业发展中的水域立体养殖模式与技术主要分为以下几种。

（1）海水池塘立体养殖模式与技术

海水池塘立体养殖模式就是一种立体养殖方式，具体讲就是在一个海水池塘水体中，上层水养虾，池塘底部养梭子蟹，池塘的底泥里养殖杂色蛤或者蛏子。这种养殖模式不仅有利于生态互补，而且可综合利用水域，提高经济效益。主要技术有虾、蟹、贝立体养殖技术与疾病防治技术，池塘科学管理等。

（2）淡水池塘立体养殖模式与技术

发展生态低碳农业视域下的淡水池塘立体养殖模式与技术主要有以下几种。

①淡水池塘鱼—鸭立体养殖模式

淡水池塘鱼—鸭立体养殖模式就是在池塘中养鱼和养鸭组合的配套高效养殖模式。鱼鸭同塘是一种特有的共生现象，池塘可以供鸭子在水中活动，为鱼增氧，水中的浮游生物供鸭子食用，鸭粪供鱼食用，是一种共生共养立体养殖技术。主要技术有鱼、鸭的立体养殖技术，池塘的管理技术等。鱼—鸭立体养殖模式不仅节约了养鱼的饵料投入，提高了养鱼产量和收益，而且水面为养鸭提供了活动场所，鸭在水中洗浴，可以促进鸭的新陈代谢，提高体质和健康水平，鸭蛋品质较高，还解决了养鸭的排泄物污染的问题，有利于改善养鸭环境。

②淡水池塘莲藕—鱼立体养殖模式

淡水池塘莲藕—鱼立体养殖模式是春季在池塘中栽植莲藕，莲藕池塘中养殖黄鳝、泥鳅、鲢鱼等，形成藕鱼共生共养。主要技术有黄鳝、泥鳅、鲢鱼等养殖技术，莲藕的种植与管理技术，池塘管理技术等。高温季节要注意及时换水或者是加注新水，冬季要做好防冻工作。一般大面积养殖进入9月即可采用鳝笼等工具捕获黄鳝、泥鳅，也可在越冬前用双手逐块翻泥捕获黄鳝、泥鳅，留待春节前后出售。

③淡水池塘多品种综合立体养殖模式

淡水池塘多品种综合立体养殖模式是在水库、池塘养殖鲤鱼、草鱼、鲫鱼等多品种淡水鱼类。不同的鱼种要充分利用水体的空间、时间和饵料资源进行综合主体养殖，实现高产、高效、生态环保的目的，是淡水养殖的理想模式。主要技术是不同鱼种的养殖技术、水域的科学管理技术。

（3）种菜养鱼立体养殖模式与技术

种菜养鱼立体养殖模式指的是"水里养鱼，水面种菜"立体循环养殖模式，选择空心菜等水生叶菜，在鱼池上搭起竹筏，用浮床作为载体栽种。养殖塘内种出的空心菜不需施肥也不需打农药，水里养殖的鱼虾粪便是空心菜最好的肥料。浮床上种出来的空心菜不仅口感、鲜嫩度等比旱地上种植的要好，而且产量也比旱地种植的高出好几倍。最重要的是，水面上种空心菜可以改善养殖塘内的水质环境，既节省了养殖成本，又增加了效益，不仅可以收获有利于人体健康的绿色、安全水产品，而且可以获得鲜嫩可口的蔬菜，可谓是一举两得的立体种养技术。主要技术有水生叶菜的种植技术、鱼的养殖技术、池塘的管理技术等。

（4）鸭鱼鳖的立体养殖模式与技术

鸭鱼鳖的立体养殖模式是按水域为单元，渔业与畜牧业相结合的养殖方式。鸭在水面养，把鸭子放养在水中，水里的青草、竹叶、昆虫就成了鸭的天然饲料，由于放养，鸭的肉质鲜美，销售价格比一般养的鸭要高。同时，每只鸭又是一位"施肥员"，用鸭粪当鱼的饵料，鱼产量可提高。鳖还可以把水里多余的、质量不好的小鱼小虾吃掉，提高了鱼的质量。鱼鳖养殖要采取多品种混养，做到不同食性、不同层次的鱼类混养，提高水体利用率和饵料的合理利用。主要技术有鸭、鱼、鳖养殖技术，水域的科学管理等。

3. 林地果地立体模式与技术

生态低碳农业发展中的林地果地立体模式与技术主要分为以下几种。

（1）林果—粮经立体生态模式与技术

林果—粮经立体生态模式是利用林果和农作物之间在时空上利用资源的差异和互补关系，在林果株行距中间开阔地带种植粮食、经济作物、蔬菜、药材乃至瓜类，形成不同类型的农林复合种植模式。主要技术有立体种植技术、间作技术等，配套技术包括合理密植栽培技术、节水技术、平衡施肥技术、病虫害综合防治技术。

(2) 林果—畜禽复合生态模式与技术

林果—畜禽复合生态模式的基本结构是"林果业+畜禽业"。具体来说，就是在林地或者果园里同时养殖一批合适的经济动物。这些动物的主要喂养方式是依赖果园、林地的自然资源，必要时可以加入一些人工饲料。这样做能够生产出比传统养殖更加优质、鲜美的畜禽产品，增加其经济价值。这种模式适合在丘陵山区的坡地上圈出林果业、林草业发展的空间，在其中建立畜禽养殖区，养殖期间产生的畜禽粪便可以直接作为林地或果园的肥料，形成"林（果）、草、禽养殖单元"之间流通循环的多元化绿色低碳农业体系。园林的空地还可以种植牧草，既可以减少杂草生长损耗土地肥力，又可以收割作为畜禽的食物。牧草的种植应选好时机，在林木落叶季播种牧草，可以避免野草的侵害。牧草生长后，可以将畜禽散养在林间，用牧草作为饲料，其间畜禽的粪便也能补充土地肥力，促进林木和牧草的生长。这一模式所需要的主要技术有林果种植技术、畜禽养殖技术、疫病防治技术等。

(3) 农田林网的复合生态模式与技术

在我国的平原地区，为了保障种植业的生产长期保持稳定，主要采取农田林网的复合生态模式。这一模式能在气象灾害到来时减少损失，并有效改善农田生态环境条件。农田种植区域内的道路、沟渠、河道都将被统一利用起来，并建设起强大的林带或片林。通常这些区域种植的树木都是能够快速生长的杨树、柳树等。科学规划林带树木的砍伐，保证树木的覆盖率和密度，有利于保持水土、降低自然灾害带给农业生产的损害。这一模式下涉及的主要技术有速生树木的栽种技术、网格布局技术、病虫害防治技术等。

(二) 资源节约物质循环系统模式与技术

1. 农业废弃物的循环再利用模式与技术

农业废弃物主要为秸秆，农作物秸秆是一种重要而可观的生物资源，具有极高的经济价值，通过综合开发循环利用不仅可以变废为宝，而且可以节约资源和保护环境。据统计，中国每年产生的农作物秸秆约有7亿吨，其中有40%~45%的农作物秸秆被焚烧，不仅浪费了能源，使土壤的有机质含量下降，导致土壤板结和蓄水能力下降，同时还造成了大气环境的

污染。❶

（1）农作物秸秆综合开发利用模式与技术

农作物秸秆综合开发利用，要因地制宜推广饲料化、肥料化、基料化、原料化、燃料化等利用方式，重点推进秸秆过腹还田、腐熟还田和机械化还田，鼓励利用富含营养成分的花生、豆类等秸秆加工制作成饲料，推广应用秸秆栽培食用菌，发展新型秸秆代木、功能型秸秆木塑复合型材料，推广秸秆制沼集中供气、固化成型燃料等。主要技术是农作物秸秆氨化、青贮饲料技术，农作物秸秆还田技术，农作物秸秆气化技术，农作物秸秆制作板材、建筑材料技术等。农作物秸秆综合开发利用的方向主要有两个。

①农作物秸秆做饲料

农作物秸秆做饲料主要利用番薯藤蔓、玉米秸秆、豆类秸秆、甜菜叶等加工制成氨化、青贮饲料，稻草作为草食性动物的饲料等。

②农作物秸秆做肥料

农作物收割后留下的秸秆中含有大量氮、磷、钾元素以及微量元素与有机质。农业专家在试验后表明，如果持续在三年间进行秸秆还田，能够提升土壤中有机质的含量。所以，将秸秆作为肥料能够减少焚烧带来的环境污染，并且增强土壤肥力，为接下来的播种创造良好的条件，促进我国农林牧业的可持续性发展。

（2）农作物产业链的循环利用模式与技术

农作物产业链的循环利用模式中，食用菌能够很好地转化农业废弃物，减少秸秆的剩余量，降低焚烧秸秆对环境的污染，同时生产出高营养价值食品。通过食用菌标准化栽培和菌渣综合利用等技术的集成，可以高效循环利用农作物秸秆。主要技术是食用菌种植技术、微生物的发酵技术、沼气技术、种植技术等。农作物产业链的循环利用模式具体可以分为以下七种。

①秸秆 — 食用菌 — 菌渣 — 有机肥 — 种植业模式

食用菌是一种营养丰富的食物，是人们餐桌离不了的美食。菌渣中有机质含量高，各种速效性养分齐全，菌渣有机肥作为一种化学肥料代替品，是极具潜力的生物肥料。此模式就是利用农作物秸秆做原料生产食用菌，

---

❶ 梁吉义：《绿色低碳循环农业》，中国环境出版社，2016，第128页。

剩余的废弃物（菌渣）做有机肥，发展种植业，形成一个物质循环利用产业链。

②秸秆 — 食用菌 — 菌渣 — 生物饲料 — 畜禽业 — 畜禽粪便 — 种植业模式

食用菌的菌渣通常很少或根本不作为畜禽饲料，但经过多种微生物的发酵作用和食用菌的分解作用，纤维素、半纤维素和木质素等均被不同程度地降解，同时还产生了大量的菌体蛋白、多种糖类、有机酸类、多种活性物质，不仅增加了基质中有效营养成分的含量，而且提高了营养物质的消化利用率，即可作为生物饲料。此模式就是将农作物秸秆作为原料生产食用菌，剩余的废弃物（菌渣）做生物饲料，发展畜禽业，畜禽粪便做肥料，种植农作物，形成一个物质循环利用产业链。

③秸秆 — 食用菌 — 菌渣 — 养殖垫料 — 无害化处理/沼气 — 还田模式

部分种类的菌渣可用于制作发酵床。发酵床养殖技术是一种新型的环保养殖技术，畜禽在铺有锯末、稻壳和微生物的发酵床垫料上生长，畜禽粪污被垫料中的微生物分解，畜禽舍无臭味，对环境无污染。清床后的垫料中有可能存在病原菌、虫卵及其他有害物质，可以通过发酵进行无害化处理还田，也可以利用沼气池产气，增加循环链条，并防止有害物质的直接排放。此模式就是利用农作物秸秆做原料生产食用菌，剩余的废弃物（菌渣）作为养殖垫料，经过无害化处理发展沼气，沼渣还田，种植农作物，形成一个物质循环利用产业链。

④秸秆 — 食用菌 — 菌渣 — 二次种菇 — 有机肥 — 种植业模式

菌渣栽培的食用菌品种有鸡腿菇、草菇、平菇、香菇、秀珍菇、茶树菇、金福菇、榆黄菇等。利用菌渣再次栽培食用菌可部分替代棉籽壳、阔叶木屑、玉米芯等，拓宽了食用菌培养料来源，降低生产成本，二次种菇后的菌渣可直接沤制成肥料或加工成有机肥，再利用生产食用菌，菌渣做肥料，种植农作物，形成一个物质循环利用产业链。不同种类的食用菌对培养料的利用程度不同，有些工厂化栽培的食用菌，由于只收一次菇，其中的营养物质并没有消耗殆尽，还有充分的利用价值，将其晒干粉碎后添加到新料中，可用来栽培其他食用菌。

⑤秸秆—食用菌—菌渣—沼气（燃料）、沼液和沼渣（肥料）—还田模式

菌渣中含有丰富的有机物质，原料经食用菌分解后形成较多的小分子水解物，这些物质容易被沼气微生物利用；此外，菌渣中还含有铁、钙、锌、镁等生长因子，能促进微生物生长，因此菌渣可以作为沼气生产的一种良好原料。剩余的沼液和沼渣又可作为有机肥还田。此模式就是利用农作物秸秆做原料生产食用菌，剩余的废弃物（菌渣）经处理发展沼气，沼液、沼渣用作肥料还田，种植农作物，形成一个物质循环利用产业链。

⑥秸秆—食用菌—菌渣—栽培基质—种植业模式

种植花卉时，把菌渣与肥土混合后堆肥发酵，也可起到改善土壤结构、提高通气性及保水持水能力的作用，使花草枝繁叶茂，降低成本。菌渣中的速效磷、速效钾含量高，不但能够确保水分和空气的供应，还能不断释放养分，促进根系生长，是替代草炭土做育苗基质的很好原料。此模式就是利用农作物秸秆做原料生产食用菌，剩余的废弃物（菌渣）经处理制作栽培基质，种植花卉，形成一个物质循环利用产业链。

⑦秸秆—食用菌—菌渣—生态修复材料—农业生产模式

菌渣的一个重要利用方面是对生态环境的修复作用。菌渣中含有大量的菌丝体，具有较高的漆酶活性，可用于护坡基质材料；菌渣对土壤的修复作用也非常明显，能够明显改善微生物多样性和酶活性，在培肥土壤和土壤结构中发挥特有作用，在增加土壤中各种微生物数量的同时，还增加了土壤的有机质含量和肥力；菌渣堆肥可用来降解被石油污染的土壤，降低有毒物质；菌渣也可用作印染废水处理填料、人工湿地的填料。此模式就是利用农作物秸秆做原料生产食用菌，剩余的废弃物（菌渣）经处理制作生态修复材料，发展农业生产，形成一个物质循环利用产业链。

2.畜禽养殖废弃物资源化利用模式与技术

中国每年产生的畜禽粪便约有 26 亿吨❶，如果将这些废弃物综合开发利用，将产生较大的经济、社会、生态效益。畜禽的粪便如果利用得当，也

---

❶ 蒋爱国：《高效生态养殖技术》，广西科学技术出版社，2002，第 14 页。

是一种优质的生产资源。畜禽粪便中包含了农作物茁壮生长所需的多种营养成分以及大量挥发性有机物。此外，在处理畜禽时产生的副产物和废弃物时也可以利用起来，如畜禽的血液、骨骼、皮毛、绒毛等，都可以作为医药、服装、保健品等行业的生产材料，变相地提高了畜禽加工的经济价值。并且，屠宰畜禽产生的废水也可在技术处理后循环利用。农村畜禽养殖产生的粪便一般通过集中供气的沼气池工程发挥作用，将粪便、秸秆、生活垃圾等混合在一起，为集中供气的沼气池提供原料。同时，宣传堆肥处理、工厂化工有机肥等技术，进一步保证养殖畜禽粪便的资源的再利用，减少其对环境的破坏。主要技术是畜禽粪便——沼气——发电，畜禽粪便——沼气——沼渣、沼液——无害化处理——肥料、农药——农林作物——畜禽加工——副产物——生化制品等产业链的相关技术与管理。

循环利用畜禽养殖所产生的废弃物，其重点是能循环利用畜禽的粪便。畜禽粪便处理不好会对生态环境和人居环境造成污染。因此，对畜禽粪便的处理要同时考虑经济效益和环境效益。目前较为先进的处理办法是利用厌氧发酵技术将畜禽粪便变废为宝，为养殖业或种植业提供能源，既能增加畜禽养殖的收入，还能使养殖业的废弃物排放量大幅度下降。同时，养殖业所产生的污水也能用上述技术将不溶有机物变为可溶解的有机物，实现无公害生产，保护水资源安全。并且，在厌氧发酵技术下产生的沼液与沼渣也能作为种植所需的肥料，一方面降低乡村居民购买肥料的成本，另一方面直接推动绿色低碳农业进步。此外，沼气池提供的能源还能降低农村居民在能源方面的支出，减轻石油、煤炭资源紧张的问题。有的乡村地区还用畜禽粪便养殖蚯蚓、蝇蛆。这两种虫类本身营养成分高，能作为乡村水产养殖的优质饲料使用。

3. 乡村居民生活废弃物的循环利用与技术

乡村居民每天也会产生大量生活废弃物，其中不仅有人类排泄物，还有各种生活垃圾和污水。要处理好乡村居民的生活垃圾，就要进行严格的垃圾分类、收集，实现垃圾减量、无害化都要以此为基础。居民生活垃圾分类越是细致，就越能够利用好它们。垃圾的严格分类能让不同废弃物高效地得到重新利用。同时，这也为未来出现更先进的垃圾处理技术打下了基础。主要技术是垃圾减量化、资源化、无害化处理技术、有效利用技术，生活废弃物管理技术等。

乡村居民生活废弃物的循环模式是以实现乡村生活垃圾减量化和资源化为目标，利用以有机生活垃圾为主的废物资源化技术，将农业生产系统和农村居民的日常消费紧密联系起来，彻底解决农村生活垃圾问题。生活垃圾中的有机废弃物通过资源化处理，可以生产大量的有机肥料，供农业生产使用，从而减少农药和化肥的施用量，以及农业面源的污染，有利于生态低碳农业的发展。还可以通过焚烧发电的方法处理生活垃圾。

（三）农家庭院生态低碳农业模式与技术

农家庭院生态低碳农业模式是乡村居民利用自家的庭院区域从事集约化生产的一种经营形式，主要是发挥庭院资源优势，依据生态学、循环经济学的原理，运用系统工程方法，建立种植、养殖、沼气、综合利用的生态循环农业模式。由于庭院面积的大小、地域环境及资源条件的不同，庭院生态低碳农业主要有以下几种模式。

1.大棚、猪舍鸡舍、沼气池种养生态农业模式与技术

大棚、猪舍鸡舍、沼气池种养生态农业模式是合理高效地利用有限的农家庭院。在农家庭院内建一个塑料大棚，其内的一部分空间可以用来种植蔬菜，另一部分空间能养殖鸡等禽类。鸡的粪便和落到地上的饲料都可以作为猪饲料进行使用。同时，又可将猪粪收集起来投入沼气池，加入收割后产生的秸秆、杂草，发酵出沼气。沼气可以为农家大棚输送电力照明，还可以作为燃气烧水煮饭；沼气池里的沼渣能培养蚯蚓，长成的蚯蚓能作为优质的鸡饲料使用；多余的沼渣还能作为肥料促进大棚蔬菜生长。此模式利用蔬菜及动物之间营养需求的互补关系，形成一条良性循环的生物食物链，保持生态平衡，生产出安全的绿色蔬菜和肉蛋。主要技术是猪鸡饲养技术、蔬菜种植技术、沼气技术、模式的系统设计等。庭院建设立体而多层次，有地面、地下和空间三层，空间部分是塑料大棚，地面部分建设猪舍，地下部分就是沼气池。蔬菜种植、养猪与沼气集中供气形成了内部循环。在塑料大棚中种植蔬菜能减少冬季严寒气温对蔬菜的冻害，促进蔬菜生长。同时，大棚内猪

舍和沼气池的湿度也将得到保障。将猪的排泄物投入沼气池里,沼气既能提供电力、燃气,同时也是蔬菜的肥料来源之一。沼气的存在能使大棚内地面温度上升,与猪呼出的二氧化碳一起满足蔬菜生长的需要;蔬菜也会持续呼出氧气,确保猪的生存,维持大棚内空气的流通,减少大棚蔬菜和猪生病的危险。

2.果菜、花卉、药材、苗木生态立体种植模式与技术

农家面积较大的庭院,充分利用土地和光能,栽植果树,如石榴、杏、枣、木瓜、柿、梨、葡萄、猕猴桃等。在果树行间套种高效经济作物,如行间棚下种植草莓,矮秆蔬菜,果树苗、绿化苗、花卉苗,枸杞、党参、川芎等中药材,以及食用菌等。庭院果树要求早结果,果实品质高(好看、好吃、好卖),经济寿命长。不仅能美化居住环境,还能生产优质果品、蔬菜、药材、苗木等,增加农户经济收入。果菜、花卉、药材、苗木生态立体种植模式根据果树的成长期,分为幼年果树时期的四种模式。其一,果间果模式:果树行间、株间种草莓。其二,果间菜模式:果树行间、株间种矮秆蔬菜。其三,果间苗模式:果树行间、株间种果树苗、小绿化苗及花卉苗。其四,果间药模式:果树行间种经济价值高的药材,如枸杞。技术主要有栽植技术、栽后管理技术、整形修剪技术、病虫害防治技术等。

四、生态低碳农业的发展举措

随着全球经济发展中能源消耗和碳排放的加剧,全球性的环境气候问题日益显著,而环境气候变化对农业生产造成了极大的威胁,应当继续广泛发展生态低碳农业,降低现代农业对环境的影响。生态低碳农业的发展需要以辩证观视角来充分把握农业发展与生态保护、降低碳排之间的关系。从本质上而言,发展生态低碳农业的根本目的是实现农业高质量、高效益发展,保障农业在我国经济发展中的基础性地位,保障国家粮食供给的安全性和食品供给的可持续性,在提高农业生产效能的同时,降低农业生产的能耗和碳排放量。"生态化"和"碳减排"是生态低碳农业发展的两大核心,"生态化"是为了促进农业生产中的资源节约和环境保护,"碳减排"则是迎合我

国"碳达峰""碳中和"目标所提出的。我国农业发展要积极地优化产业布局,广泛应用生态技术、低碳技术来进行农业生产,以从农业种植、加工、运输、仓储、销售的全过程降低能耗、降低碳排放量。

(一)制定生态低碳农业发展措施

制定生态低碳农业发展措施需要立足于高标准开展农田建设,在保护生态的基础上推广低碳耕作制度,积极降低农业生产中的耗水量和化肥农药使用量,将现代智能技术应用到农业领域发展智慧农业,积极引进生态绿色技术,提高农业生产的效益。总之,生态低碳农业需要提升农业资源的利用效率,增强土壤的固碳能力以降低碳排放量,达到低能耗、低碳排、高碳汇的目的。具体发展措施可以从以下几方面展开。

其一,控源方面。在生态低碳农业生产中降低碳排放量首先需要从农业碳排放的源头入手,控制农业生产中生产资料的投入量。一是培育低碳的农作物新品种,选育产量高、碳排放少、水消耗少、抗旱能力强的农作物品种进行广泛种植。二是发展农业技术,积极开发新型肥料和农药,提高土壤的利用效率,减缓土壤中有机质的分解速度,降低土壤的碳排放量。三是积极推广低碳排放养殖畜禽的技术,降低畜禽养殖中所产生的碳排放量。

其二,减耗方面。纵观农业生产的全过程可见,农业生产中因为间接能源投入而产生的碳排放量在农业生产碳排放总量中所占的比例较高。因此,要降低农业中的碳排放量,发展生态低碳农业,就需要控制农业生产中化学品的投入量,要积极通过有机农业技术来提高土壤肥力。

其三,碳汇方面。农业生产中不仅仅会排放碳,还能够吸收碳、转化碳和固定碳,这就是农业生产的碳汇功能。发展生态低碳农业时,要积极通过广泛开展秸秆还田、种植绿肥、有机施肥等来提高土壤中有机质的含量和肥力,要通过对土地进行科学的保护性耕作来降低土壤中有机质的消耗,要通过科学的土地整治和土地改良来提升土壤的碳容量。

其四,循环利用方面。发展生态低碳农业要积极构建农业生产中的循环利用体系,将农业生产中产生的废物,如秸秆、禽畜粪便、农业废弃物等转化为资源进行循环利用,要通过构建种植业、养殖业和其他产业的融合发展机制来让一项产业的副产物成为另一项产业的生产资料,从而实现物质能量的循环流动和多级利用。

（二）全面推进生态低碳农业发展

全面推进生态低碳农业发展的举措如下。

其一，要建立生态低碳农业技术的推广体系，加强对农业生产中碳排放量的监管、监督和评估，要向农民普及降低农业生产碳排放的知识，要推动生态低碳农业技术的广泛使用，要定期对农民进行生态低碳农业的相关培训等。

其二，要构建生态低碳农业发展的补偿机制。构建补偿机制一是要建立健全生态低碳农业发展的相关法律法规体系，使得生态低碳农业的补偿机制有法可依。二是要构建具有较强可操作性和可实施性的生态低碳农业补偿制度框架，进行差异化、有针对性的补偿。三是要考虑农民的现实需求，设计多元化的补偿方案，如资金补偿、低碳品质推广、低碳装备补偿等。四是要构建补偿政策落实的监管体系，监督补偿机制的运作情况。

其三，要建立健全农业碳权的交易市场。农业碳权交易可以立足于农业种植、畜牧养殖等生产活动中的碳减排量，引入市场机制来调节农业生产中经营主体的行为，激励农业生产经营主体积极采用低碳生产技术。我国可以在一处进行碳权交易试点，试点成功后总结经验进行全国推广。我国要探索建立健全农业碳排放的监管体系，优化农业碳排放的核算方法，健全全国性的碳排放数据库，维护碳权交易的市场秩序。

其四，要积极拓展农业生产产品价值的实现路径。一是要强化农业生产中生态低碳产品的供给服务功能，增加生态低碳产品的供给，促进农产品定价的优化，优质优价。二是要推进农产品的碳标签制度，以供消费者选择，引导农业生产的低碳化转型。三是政府要设立财政项目来补偿生态低碳生产，可以为生态低碳农业提供税收优化和绿色金融支持。

第二节　发展乡村绿色低碳工业

一、乡村绿色低碳工业的理论概念

(一)乡村绿色低碳工业的内涵

1.不同视角下乡村绿色低碳工业的内涵

不同视角下乡村绿色低碳工业的内涵如下。其一，站在系统模仿的角度，乡村绿色低碳工业的存在根基源自内部多种产业的互补与协调，内部某一产业的废弃物或副产品能为内部其他产业提供原材料，这些材料的内部相互流通就产生了物流的"生态产业网络"。其二，站在兼顾资源有效利用与环境保护的角度，乡村绿色低碳工业的模式能充分地利用好可利用的资源，并降低工业产品生产、消费和回收过程中对人居环境和自然生态环境的损害。其三，站在理论与实践高度结合的角度来看，受现代生态学与生态经济学原理的影响，乡村绿色低碳工业体系将建立起超越传统的、立体多层的、功能多变的、集约型管理的综合性生产体系，将工业废料变废为宝。其四，站在地区生态保护与建设的角度来看，乡村绿色低碳工业体系彰显了生态经济学的理论，一改传统经营与管理的方法，遵循生态规律和经济规律，多次利用工业废弃物，提高能源使用率，顺应了工业的现代化发展。其五，站在系统网络的角度来看，乡村绿色低碳工业体系的建成等同于建设乡村绿色低碳工业网络，乡村绿色低碳工业网络能突破区域空间的限制和行政区域的限制，建设成为能引领未来乡村工业发展的绿色低碳工业园区。该模式突破了地方副产物交换的模式，进化为能兼顾环境保护、企业经济效益提升和社会进步的模式。

2.广义和狭义的乡村绿色低碳工业内涵

广义上的乡村绿色低碳工业指的是为了能让乡村生态环境与经济发展

都得到保障，在现代生态学和生态经济学的指导下，利用互相帮助的循环模式使工业系统的物质与能量进行交换与交流，最终使工业生产模式以低开采、低排放和高利用率为特征。狭义上的乡村绿色低碳工业含义是改进传统的工业生产模式，升级高能耗的设备，改换原材料，重新设计产品形态，强化工业生产内部的各个管理环节，生产过程无公害，即使是最后的废弃物也不会污染环境。

综上所述，乡村绿色低碳工业具有以下共性。其一，乡村绿色低碳工业包括从个体工业企业、分类工业行业到区域工业体系的多层次工业发展体系，每个层面均有其独特的发展重点。其二，乡村绿色低碳工业应重视废弃资源的有效利用，实现由废弃物向资源的转化，减轻资源和环境压力，从而实现工业发展与自然演化的协调统一。其三，乡村绿色低碳工业不但重视经济发展的规律，还要符合自然生态的规律。其四，乡村绿色低碳工业是对自然环境中循环系统的模仿，使工业发展走生态化道路，避免工业发展所带来的生态危机。

（二）乡村绿色低碳工业的特征

乡村绿色低碳工业目的就是降低工业生产对资源和环境的压力。生态学和经济学原理告诉我们，必须以系统工程办法和先进的科技手段，建立起庞大的工业网络，在这个网络中实现物质的循环利用。乡村绿色低碳工业发展模式对生态环境很友好，能量也能得到更高效地使用。乡村绿色低碳工业目前表现出来的特征能够兼顾生态和经济规律，对工业生态经济系统进行结构与功能上的统筹协调，将工业涉及的技术、经济和生态关系串联起来，促进系统中物质流、能量流、信息流和人口的合理运转，使工业生态经济系统趋于稳定的平衡；同时，在微观意义上，能使工业生态资源实现多层次的循环与利用，使组成工业生态经济系统的多个环节的能力与物质循环效率提升，从而实现微观上的工业生态经济平衡以及经济、社会与环保三方面的效益提升。

1. 乡村绿色低碳工业具有综合性

乡村绿色低碳工业的主要特征就是综合运用生态规律和经济规律，从宏观上协调工业生态经济系统的结构和功能，以发展大工业为出发点，按"整体、协调、循环"的原则，全面规划、调整、优化工业产业结构，形成工业中的"食物链"，使各产业综合发展。

2. 乡村绿色低碳工业具有高效性

乡村绿色低碳工业在先进技术的帮助下，实现生产过程中物质循环的多层次深加工，使其经济价值上升，并想办法减少自己可能会造成的对生态环境的危害，但也不会在降低环境污染的同时使生产成本过高而损伤经济利益。

3. 乡村绿色低碳工业具有可持续性

整体上看，乡村绿色低碳工业系统在生态系统中属于中间环节，而在其中处于统领地位的又是人为因素，正是因为有着人的协调统筹，才使得绿色低碳工业系统内部的各个产业维持了微妙的平衡，也使得生态系统能自主进行调节，达成良性的循环。乡村绿色低碳工业生态系统能够在满足消费者物质需求的同时，稳定住生态系统的平衡。

二、乡村绿色低碳工业的基本模式

绿色产业视角下，乡村绿色低碳工业的基本模式主要有以下几种。

（一）绿色低碳循环型企业模式

现代企业内部达成循环经济，我们就可以说这样的模式是绿色低碳循环型企业。这样的企业内部就能组织起成功的清洁生产，并实现工艺之间的物料循环，使用对环境破坏力小的物资，有时甚至能实现零排放。绿色低碳循环型企业模式的示意图如图 5-1 所示。

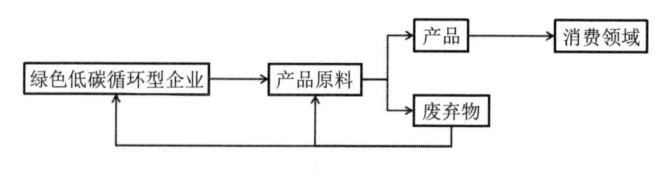

图 5-1 绿色低碳循环型企业模式

（二）企业间的代谢与共生模式

企业间的代谢与共生模式是企业之间的循环经济。企业会通过贸易的形式与其他企业合作，将对方生产过程中排放的废弃物或产生的副产品，当作自己生产所需的原料。这样做能有效地减少企业在废弃物处理上投入的资金，且增添经济效益，通过企业的相互代谢、共生形成良好的循环，兼顾企业的发展与生态环境的保护。例如，贵港国家生态工业（制糖）示范园区就将甘蔗种植系统、制糖系统、酒精生产系统、造纸系统、环境处理系统联合起来，在企业之间形成一套优秀的生产废物再利用框架，将工业园区升级、优化成乡村绿色低碳工业示范园区。这个可持续发展的园区共分为六个系统，每个系统内部产品产出不同，同时六个系统之间通过中间产品和废物的互相交换达成循环，搭建起一个完善的、闭合的、自洽的绿色低碳工业大网，使资源得到最佳的利用。贵港国家生态工业（制糖）示范园区的废弃物得到有效利用，环境污染降到最低水平。其中，甘蔗→制糖→蔗渣造纸生态链、制糖→糖蜜制酒精→酒精废液制复合肥生态链，以及制糖（有机糖）→低聚果糖生态链这三条园区内的主要生态链之间构成了一种优质的横向联合的关系，甚至可以说是形成了完整的网状结构。物流中将工业生产产生的废弃物当作生产其他产品所需的资源，各环节充分地进行资源共享，实现了经济效益由负转正的逆转（图5-2）。

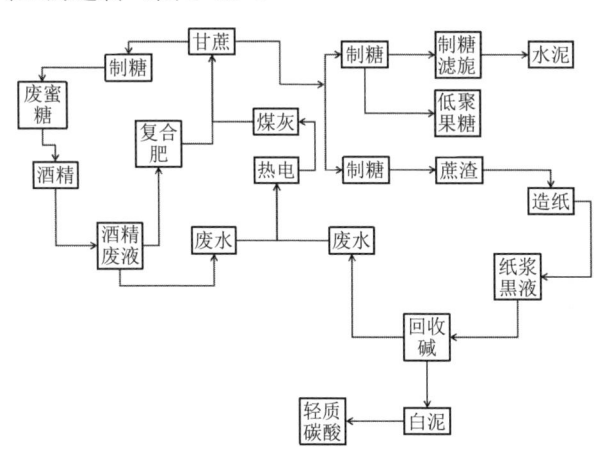

图5-2 制糖生态工业链条

（三）产业间的代谢与共生模式

产业间的代谢与共生模式的核心是在一个相对集中的区域内根据资源循环使用的可能，布置关联度高的不同产业，构建起产业间的大循环。例如，张家港市南丰镇永联村就是一个鲜明的例子，村民先是通过扩大兔子等牲畜的养殖规模，使全村的动物饲料种植规模跟着扩大，同时在此过程中又能利用牲畜厂产生的粪便制作肥料，办起了鹿产品系列深加工、宠物饲料加工、蘑菇加工等企业和秸秆气化站，走出了一条资源在工业、农业之间循环利用的路子。

（四）绿色再生能源利用的模式

绿色再生能源利用的模式是能源利用效率由关注源头削减向多种能源资源的再生转变，将那些污染环境的能源转移到可再生利用的太阳能和风能、潮汐、地热、秸秆气等绿色能源上来，并将生态与经济紧密结合。近几年来，国家投入了大量人力、资金，深入研究秸秆分解的气化技术和设备，我国的技术水平目前已经领跑了世界的秸秆气化集中供气技术。将秸秆气化实现集中供气，其原理就是将农业生产后产生的玉米秸秆、玉米芯作为资源，用技术手段彻底粉碎后投入气化设备进行一系列的化学反应，使其变成可燃气体。因为，根据研究发现，秸秆在气化炉里进行不完全燃烧，在缺氧情况下进行化学反应，此时原本的碳、氢元素就变成了一氧化碳、氢气和甲烷等可燃气。例如，荣获我国"星火"示范工程荣誉的 XFF 型生物气化机组及集中供气系统配套技术和用户燃气系统就已经开始投入生产并进入市场。

三、乡村绿色低碳工业的体系构建

乡村绿色低碳工业的构建需要从技术体系、管理体系和法律体系三个方面加以考虑。技术体系要求企业向内建立起绿色的化学、设计和制造。还应及时对企业相互间的共生网络予以升级，要想构建新时期的管理体系，要同步达成科学规划、合理布局、企业生态链网的建成，并处于一个全民参与意识的环境中。至于法治体系构建，则应该从现行的法律入手，从中找出经济市场运转和政府作用的法律核心。

（一）乡村绿色低碳工业技术体系的构建

1.构建绿色低碳化学的技术

化工过程的费用不仅包括原料和设备的费用，还包括后续的废弃物处理费用。为了降低化学过程对人体健康危害和环境破坏的程度，并减少化工过程总成本，就必须推动绿色低碳化学技术的发展。所谓的绿色低碳化学技术是充分利用化学反应处理工业生产造成的环境污染的一门科学。这项技术能够借助化学反应，为不同的工业生产设计化学合成方法，站在分子维度上提高工业污染产生化学反应的效率。这一方法能够直接从污染产生的源头上治理环境污染。绿色低碳化学能将工业生产排放的废弃物的危险性降低，不需要暴露控制，还能减少工业废弃物因意外事故泄漏对环境产生的危害。绿色低碳化学技术对工业废弃物的分子结构进行重新编排设计，可以减少有毒物产生的概率，还能减少副产品的产生，帮助工业生产经济效益提升并早日达成零排放的目标。

2.构建绿色低碳设计与制造

（1）绿色低碳设计

绿色低碳设计中包含了四个层次：目标层，该层次将设计目标定为绿色低碳产品；内容层，包括对工业产品结构科学、合理性和材料的使用及资源长效利用的设计；阶段层，绿色低碳设计需要更多考虑的是工业产品生产、利用和回收；因素层，在绿色低碳设计的过程中还必须认真考虑生产花费的时间、材料成本、环境影响等因素。

（2）绿色低碳制造

绿色低碳制造则将目光投向了工业制造过程，强调采取对环境负面影响小的制造过程，主要有减少有毒有害物质和碳排放，想办法提高材料的使用率，降低能耗，保证生产加工过程的安全等。

绿色低碳制造中包含了三个层次：①目标层，该层次的目标是实现制造过程的绿色低碳；②过程层，过程层能够利用绿色能源，以生态化手段控制制造过程，最终使生产的产品达到绿色低碳的标准；③因素层，在进行绿色低碳制造的过程中，一些因素会产生较大的影响，如对可再生能源的利用、能源的利用效率、绿色包装材料的运用等。

3.建立优化产业的共生网络

（1）优化乡村绿色低碳工业的产业结构

要优化乡村绿色低碳工业的产业结构，就要对可能消耗过多能源、水资源，并带来高污染的项目进行严格限制，直接淘汰没有能力更新技术、工艺和设备的工厂。政府应鼓励当地发展能耗低、附加值高的第二产业和技术力高的产业，利用快速发展的高科技技术对地方传统产业进行升级改造，借助资源的高利用率保护环境。此外，还应利用资金大力支持节能、低排放、能实现资源综合利用的项目。

（2）建立乡村绿色低碳工业的共生网络

乡村的低碳工业系统将对整体的经济物质和能源效率进行改善。在乡镇企业之间建立起工业生产的兼顾生态、经济的网络，进而搭建起乡村绿色低碳工业群落，最终实现绿色低碳工业园区的落成。这一新型的乡村工业系统必须根据循环经济理念和工业生态学的原理建成。其循环的途径就好像自然生态系统的循环，包含了"生产者""消费者"和"分解者"，三者之间关系紧密，有利于实现物质密闭循环和能量多级利用。在详细地研究了系统内部企业物资流动、能源流动的实际状态后，以类似自然界"食物链"的形式，建立起相互利用、共同成长的系统，最大限度地利用好每一分物质能量。因此，无法在这一体系中找到工业废物，因为这种东西在一个企业那里可能是废物，但在体系的另一企业处就是生产所需的材料。

（二）乡村绿色低碳工业管理体系的构建

乡村绿色低碳工业系统的管理主要针对系统中的主体——企业和企业网络而进行。这一系统在前期的科学规划和布局下建立了长效发展的基础。系统中的企业通过整合环境与绿色供应链实现了市场竞争力的提升，再加上社会公众参与环境治理的意识大幅度提升，对工业体系的管理氛围加强。并且，国内外经济交流的日益频繁也扩大了乡村绿色低碳工业管理体系的发展空间。

1. 绿色低碳工业园区

乡村绿色低碳工业园区的管理者在学习了现代生态学、生态经济学、产业生态学等新兴学科的原理之后，以它们为指导，对管理区域内进行不同生产项目的企业以物质循环、工业生物群落间的协调关系重新组合，更新区域内产业生态系统，进而建立模拟自然界"食物链"的产业链条，使自己的产业体系更加饱满、具有生命活力。这样的产业生态体系不仅能实现物质能量的循环利用，减少资源损耗、降低污染，还能以超越旧有体系的姿态实现经济效益的增长。乡村绿色低碳工业园区的核心在于区域内企业和谐共处、紧密合作，这样才能实现上述愿景，尤其是使各企业之间形成互补，相互利用工业废料。乡村绿色低碳工业园区的范围一般可以延伸到附近居民区和距离较远的企业，甚至还能将各工业生产所需原材料的生产者和交通运输网络囊括在内。

2. 绿色供应链管理

从工业产品的原材料购买、处理、生产、消费，再到回收利用，整个流程都需要绿色供应链思维的融入与指导，从而进行生态设计。同时，积极促成这条链条上各企业内部部门之间、各企业相互之间的合作，以紧密的合作达成环境管理的统筹协调，使整个区域内的环境越来越好。对于绿色供应链的管理，其领导核心是处于供应链中核心地位的企业。它向上能联系到原材料的供应商，向下能联系到供应渠道。整个供应链上的企业将以紧密的合作减少环境污染，并保障好整条供应链上的经济效益。管理好绿色供应链的关键，是要确立好绿色供应链在整个乡村绿色低碳工业系统中的战略性地位。站在经营管理过程的角度上看，绿色供应链管理本质上就是要从产品的设计、原材料采购等多个维度做好环境优化。

3. 提高公众参与意识

要提高公众对绿色低碳经济的认识，需要广泛开展宣传教育。地方应在政府的带领下开展资源节约、保护环境的系列宣传活动，并在活动中将绿色低碳经济发展作为重要内容。通过宣传教育，改进公众的观念，在公众心中树立起可持续的消费观,让公众产生节约资源、保护环境的责任感,当绿色消费的观念在消费者心目中建立起来后,引导他们主动选择消费有利于资源节约、环境保护的产品;同时,做好垃圾分类,减少一次性产品的使用,也能间接推动绿色低碳经济的发展,使其变为全社会的自觉行为。

(1) 提高绿色消费的意识

国民的绿色低碳意识淡薄是绿色消费受到抑制的一大原因。调查发现,我国城市居民中不理解绿色低碳经济的人数众多,在乡村则更多。目前公众很多根本不了解什么是绿色低碳,或者有错误的认识。因此,亟须以宣传教育的形式建立绿色消费意识。同时,市场上还有一批不良商家或企业,趁着大众对绿色低碳产品不了解的空档,故意虚假宣传产品,最后导致消费者怀疑绿色低碳产品的质量,消费者对绿色低碳产品消费的风险有了顾虑,将直接影响绿色低碳经济的发展。

(2) 拉动绿色消费的发展

当前,通过乡村绿色低碳工业生产出的产品即绿色低碳产品,其价格通常情况下高于一般产品。因为绿色低碳产品使用的材料是对环境和人体伤害更小的一类,生产技术也更为先进;另外,绿色低碳产品在生产时不少成本花费在了环境保护上,因此价格自然更高了。在经济水平更高的发达国家和地区,居民可支配收入更多,受教育程度也更高,因此居民绿色低碳意识强大,愿意为绿色低碳设计、生产花费支出更多。但目前我国的居民可支配收入还够不上发达国家的水平,因此消费意识和消费水平还有待提高。国内不少地区进行绿色低碳消费的能力还是稍显不足。要发展乡村绿色低碳工业,关键在于能拉动绿色消费,这就需要从国家、政府的层面努力,先通过金融手段拉动绿色经济。

4.加强外部联系合作

(1) 加大集群与外界的联系程度

假设企业能参与到乡村绿色低碳工业群中,并长期保持较大的开放性和弹性,保证各项资源要素能以合理的形式进行流通和优化组合,就能在很大程度上提高乡村绿色低碳工业群的创新能力与市场竞争能力。如果做不到,就会使整个体系变得僵硬、老化。没有新的知识技术出现,群体中各个企业的互补性也会消失，最终全部被市场淘汰。

（2）着力培育竞争性的市场结构

在我国发展时间较早的工业基地，如东北地区，对这里集中的老国企进行产权制度改革，以股份制和经营者期权奖励机制规范企业管理。同时大力打击各种形式的地方保护主义，使高级人才、先进技术和资源等生产要素在区域间自由流动、优化使用。

（三）乡村绿色低碳工业法治体系的构建

乡村绿色低碳工业少不了法律法规的有力支持，乡村绿色低碳工业法制体系的构建主要包括以下几个方面。

1.技术实施的法治基础

（1）现有的法律

我国颁布了大量有关科技成果产生、管理、保护、转化、应用等方面的法律法规。如在科技法律体系中居于基本法地位的《中华人民共和国科学技术进步法》；在科技成果价值认定方面的《国家技术监督局科技成果管理办法》《科学技术成果鉴定办法》《科技成果鉴定规程（试行）》；在科技成果转化方面的《中华人民共和国农业技术推广法》《中华人民共和国促进科技成果转化法》；在技术合同和技术市场管理方面的《中华人民共和国合同法》《技术市场管理暂行办法》等。

（2）需要健全的法律

目前，我国需要在科技法律法规中加入生态化及成果化的理念，进一步健全相关法律。

①在科技法律中融入生态化理念

目前，我国的科技相关法律法规已经初步建成，但关注的重点仅仅是科技带来的经济效益，忽视了其在生态上的作用。所以，要想加强工业生产的生态环境效益，就要坚持可持续的科学发展观，将科技法律融入人文、生态的理念，将单纯的科技转变为生态科技，将科技视为推进乡村绿色低碳工业生产长效发展的强大工具。

②为科技法律注入科技成果化理念

虽然我国的科学家和学者已经在多个科学技术领域取得了骄人的成绩，但是有了技术也不一定能快速推动乡村绿色低碳工业的发展。因为这不仅是科技发展的问题，还涉及科技成果转化的问题。科技成果经过转化后能直接提高工业生产力，变现为商品、产品的科学化、规模化。不过科技成果的转化过程需要投入大量资金。而正好目前我国现实的情况就是在科技成果化上的资金投入略显不足。不少新研发出来的技术因资金不足仅仅被作为实验报告搁置，或者是只停留在样品阶段，难以为绿色低碳生产发挥作用，也让前期的科学技术研发资金、人力"打水漂"。因此，我国制定促进科技成果投入和转化的一系列法律，如"风险基金法"等。这样做正是为了给乡村绿色低碳工业的深入发展提供必要的技术支持和法律保障。

2.经济运行的法律基础

乡村绿色低碳工业企业的产品质量、社会效益和社会形象一般比非乡村绿色低碳工业要好。对乡村绿色低碳工业企业构成挑战的主要是产品和服务的价格。通常情况下，企业生产成本的降低源自其找到的新的收入来源与原材料来源，进而获得更高的经济效益。然而，现阶段乡村绿色低碳工业的优化发展需要的是先进科技的支撑。换言之，将科技成果转化、变现，需要大量资金，最终的结果是企业生产的产品或提供的服务费用也会上涨。价格的上涨会影响企业的经济效益，一些企业也许会因此放弃对环境保护的重视，所以说必须要有法律力量的保护。

（1）健全外部不经济内部化规定

因环境公共资源的无偿或低成本利用，导致有些企业将污染成本转嫁给社会。从而导致产品成本与实际成本的不一致，我国现行的环境资源法律制度缺乏有效地将"外部不经济性"内部化的规定。健全"外部不经济性"内部化的举措如下。

①自然资源的有偿使用制度

目前，我国自然资源的价格、核算制度存在不少问题，资源更新的补偿机制也亟须补全。这导致我国很多资源停留在无价或是无偿开发的混乱阶段。因为还没有资源核算的制度，使国内生产总值的价值核算无法对资源损耗项目进行补偿,也不能全方位地展示我国资源的价值。政府目前要改善环境收费制度,并将资源补偿的征收范围扩大开来,以完善的收费标准,为市场和相关部门真实地展示自然资源的稀缺程度与价值。同时,还应该从价格上针对那些需要消耗大量自然资源并产生环境污染的产品,让消费者看到乡村绿色低碳工业生产的产品的优势。此外,政府还应该对排污收费制度进行更严格的改良,对超出标准的企业予以更重的处罚。

②借鉴国外的其他有效制度

不少早于我国发展起来的国家和地区在环境资源保护、开发和利用的制度上值得我国借鉴。例如,学习其他国家和地区建立完善的环境资源征税制度、污染权交易制度、延伸生产者内部责任制度等。上述制度在于降低乡村绿色低碳工业企业所生产的产品的价格。

(2) 健全制定优惠政策相关法治

健全制定优惠政策相关法治的举措如下。

①财政政策扶持

政府财政政策帮扶可以通过以下三个途径达成。第一,政府给予乡村绿色低碳工业"以旧换新"的权利,加速折旧、更换乡村绿色低碳工业的技术设施,进而实现技术水平的跃升。第二,政府减免乡村绿色低碳工业企业的一部分税款,如免除增值税,一些近期新开发出的绿色低碳产品也可享受缓征所得税的优惠。第三,对于那些还处在绿色低碳发展初期的企业给予适当的财政补贴,以弥补其前期在绿色低碳产品开发、推广上遭受的损失,此外能够进入国际市场的新兴绿色低碳产品也能得到一定的财政补贴。

②金融政策扶持

金融货币政策可以保障乡村绿色低碳工业的发展,其帮扶方式如下。第一,为乡村绿色低碳工业健全和优化环境风险投资体制,并以市场化经营方式要求其建设生态基础设施。第二,对乡村绿色低碳工业内部企业在资本市场上发行股票、债券以及进行融资的行为给予鼓励和支持。第三,建立健全环境保护产业发展基金会,为绿色低碳工业的生产提供保障。第四,对于接触乡村绿色低碳工业企业的外来资本放宽条件,推动建成出口导向型产业。第五,直接以商业银行和专业投资银行的形式为乡村绿色低碳工业新兴项目注入资金,必要时可以用政策担保、贴息的方法帮助这些企业贷款。

3.政府作用的法律基础

（1）政府采购的生态化

政府采购产品的政策导向对支持一个行业的发展是非常重要的。政府集中采购目录和采购限额标准应该向乡村绿色低碳工业的产品倾斜。《中华人民共和国政府采购法》将环境保护作为政府采购的要素之一，政府应通过预算控制、招标等形式，引导和鼓励政府部门、企事业单位择优购买国内乡村绿色低碳工业的产品和服务。

（2）对市场服务的三公

所谓的对市场服务的三公，是指政府这一市场的监督者，要公平、公开和公正地进行监督，以法治为核心，以必要经济手段为工具，监督乡村绿色低碳工业的内部成员活动。政府在这之中应履行的职责需要以法制形式确立，使政府的监督有法可依，不至于过度膨胀或缩小。政府行为应有准确的信息资料，严格按照法律章程办事，而不是以人为因素过度干预乡村绿色低碳工业的竞争环境。同时简化政府办事章程，不能让企业的投资项目被审批制度"绊住脚"。并且，政府还有必要带领地方建立起专门为该工业体系服务的组织或中介机构。

第三节　发展乡村生态旅游业

一、乡村生态旅游业的理论概念

（一）乡村生态旅游业的概念

乡村生态旅游是指发生在乡村区域的，以农业产业为支撑、以乡村环境和典型的乡村生态旅游资源为吸引物而展开的一种以生态旅游为理念的乡村旅游活动。乡村生态旅游业是一种以农业和乡村为载体的新型旅游形式。我国把乡村生态旅游业作为脱贫致富的新兴支柱产业加以重点培育，充分依托乡村的森林景观、田园风光、山水资源和民俗文化等独特的资源优势，大力发展农家乐乡村游、高山森林游、民俗风情游和农林采摘游等特色生态旅游业，加强融合旅游观光和农产品的生产、销售、加工等多项功能，把旅游观光纳入农产品增值服务范畴，使旅游成为乡村居民既能增产又能增收的重要手段。

乡村生态旅游与农业旅游的概念常常被人们混为一谈，二者虽然都与农业有关，但是却各有侧重。农业旅游是对应工业旅游而言的，是农业功能拓展的一种形式。农业旅游是把农业与旅游业结合到一起，利用农业景观和农村空间吸引游客前来游览、品尝、体验、购物的一种新型农业经营形态，以农、林、牧、副、渔等广泛的农业资源为基础来开发旅游产品，并为游客提供特色服务的旅游业的统称。农业旅游依托于农事活动，离不开农场或农庄。而乡村生态旅游则偏重于乡村风情，并且它所凭借的资源种类更加丰富，除了农业以外，还包括乡村的自然风景、人文景观、风俗习惯等多方面的内容。从某种程度上来讲，农业旅游是乡村生态旅游的一部分，而从另外的角度来看，乡村生态旅游则是生态旅游的重要内容，也是乡村旅游发展的必然趋势。

（二）乡村生态旅游业的特点

1.乡村生态旅游业的一般特性

乡村生态旅游业具有一般旅游业的三个特点。

（1）乡村生态旅游业的观赏性

乡村生态旅游具有浓厚的大自然意趣和丰富的观赏性。本质上讲，乡村生态旅游业能够发展起来，就是以乡村的生态资源为基础的。尤其是乡村中那些独特的农作物和农耕场景，以及美丽的花草树木，能吸引在城市的钢铁大厦中身心疲惫的游客。游客们在乡村观光活动中能收获视觉、听觉、味觉等方面的享受。

（2）乡村生态旅游业的文化性

乡村生态旅游业的观光资源不仅有自然生态资源，还有各村落在长期历史发展中形成的独一无二的建筑、文物、民俗和传说故事等文化资源。

有一些传统民俗的内容属于封建迷信,需要对传统民俗进行扬弃。发展乡村生态旅游业,需要利用好这些文化资源,设计丰富且独特的文化观光项目,为乡村的田野、果园、养殖场等区域注入文化内涵,吸引更多的游客前往。

(3)乡村生态旅游业的市场性

发展乡村生态旅游业,其服务的对象不是乡村居民,而主要是那些城市里的、不了解乡村和农业的人。所以说,乡村生态旅游业的目标市场是城市游客,乡村生态旅游业的经营管理也必须围绕这一市场特点进行。乡村生态旅游应总结城市游客的需求和规律,提供更细致、有针对性的服务。

2. 乡村生态旅游业的自身特性

(1)乡村生态旅游业的体验特性

乡村体验就是经营者以农场为舞台、以山林田园景观为背景、以游客为主角、以农产品为道具,编排剧本,创造出值得游客回忆的活动。其中农产品是有形的,体验是无形的,而创造出的感受是令人难忘的。体验是内在的,存在于个人心中,是个人在形体、情绪、知识上参与而产生的收获。因为体验来自个人心境与事件的互动,所以没有人的体验会和别人完全一样。乡村生态旅游的体验主要表现在下面四个方面。

①农作文化体验

农作物种植的全过程,如松土、播种、施肥、锄草、追肥、浇水、收获、加工……都可以包装成吸引游客参加的乡村生态旅游的体验活动。

②饮食文化体验

来到乡村体验生态旅游,品尝乡村特色饮食是这些城市游客的一大目的。我国各地乡村拥有的自然资源不同,发展起来的特色美食也不同。并且发展生态旅游业的乡村地区,其种植的蔬菜、养殖的牲畜都以健康、绿色著称。因此,品尝美食是城市游客体验的必备环节。

③手工制作体验

不少乡村都有独特的手工艺术的传承,如用稻草、树枝等制作手工艺品;用陶土制作陶瓷等。这些都是乡村生态旅游的特色体验活动。

④建筑物的体验

不少乡村地区为了吸引更多游客,在旧房屋的基础上,依照地区特色修建了独特、美观的乡土建筑,供游客留宿、参观。例如,石林糯黑彝族支系撒尼人的石板房、泸沽湖畔摩梭人的木楞房、哀牢山腰彝族的土掌房、西双版纳傣族的竹楼、怒江沿岸傈僳族的千脚落地木板房,都因其拥有独特的造型和文化内涵,吸引了众多游客前来参观,增加了村落的旅游收入。

(2)乡村生态旅游业的健康特性

乡村生态旅游较之一般的旅游项目显得更为健康、绿色,能够吸引大多处于"亚健康"状态下的城市游客。

①有利于人的生理健康

根据相关专家的实地考察和实验结果,人体内的生物电场可依靠负氧离子维持平衡,进而改善身体健康状况,对于人的新陈代谢、血压等都有好处。在诸多颜色中,绿色可以起到调节人的神经系统、缓解视觉疲劳、降低心率的作用。总之,在乡村生态旅游中,良好的自然环境能很好地疗愈现代都市人的"亚健康"状态。

②有利于人的心理健康

游客前往乡村体验生态旅游,不仅有益于生理健康,还可借助闲适、轻松的生活氛围,可口的食物,以及美丽的风景缓解其因生活和工作造成的紧张心理。特别是游客们暂时放下工作,与质朴的乡村居民一起参加乡村节庆活动、体验传统民俗时,能有效放松心情、释放压力,更快地恢复精力。

(3)乡村生态旅游业的生态特性

除了体验性、健康性,乡村生态旅游业的开发还应看重环境保护,在利用生态资源获取经济效益的同时也追求与生态环境达成平衡。这一点主要表现在以下四个方面。

其一,乡村生态旅游活动有不少是让游客直接参与到农业劳动和民俗节庆中。在这个过程中,从城市远道而来的游客能深入了解乡村人文环境,并对生态环境的保护有更正确的理解。经营管理者能够通过宣传教育等方式,约束游客破坏环境的行为,使游客心中形成保护环境的意识。这能使乡村生态旅游更符合其绿色低碳的环保理念。其二,游客能够在乡村生态旅游的过程中逐步了解到各类农作物,以及自然界鸟类、昆虫、鱼类等动物的习性，还能参与乡村特色蔬菜、水果的采摘活动，有条件的还能观摩学习乡村的花卉养殖、养蜂、葡萄酒酿制等项目，能够让游客更好地融入生态环境中，从而在心中产生爱护、保护生态环境的意识。其三，从乡村生态旅游的旅游设施来看，原始的乡土物种、多样性的生态系统、相对完整的乡土文化、清洁的乡村环境、保持水土的生态工程、富有科技含量的生态低碳农业园区等，无不体现出乡村环境生态化的特征。其四，从乡村生态旅游产生的思想渊源来看，在生态危机、大众旅游造成的负面影响的警示下，可持续发展的观念得到确立。在生态中心主义伦理学的影响下，乡村生态旅游的规划者、经营者和旅游者之间，逐步开始尊重自然、尊重当地居民意愿，使乡村生态旅游的开发具有了明显的生态思想。

（三）乡村生态旅游业的类型

为了迎合游客的不同需求，乡村生态旅游业演化出了观光型、民俗型和休闲型等多种形式。

1.观光型乡村生态旅游业

观光型乡村生态旅游业是指在乡村景观中，将观光功能与农业生产结合起来，使游客在欣赏农业生产的同时，可以深入认识农业生产的开放性乡村生态旅游。其主要观光场所可以分为两类。其一，景观农业是指具有特殊形态、布局优美、气势宏伟的农业景观，如满山错落有序的层层梯田，绘制图案的大地艺术农田，或专供参观学习的农业示范区、示范带。其二，观光农业园区是指具有农业产业特色并提供旅游观光的农业园区，如以大田为主的观光农业、以果树生产为主的观光果园、以蔬菜生产为主的观光菜园、以花卉生产为主的观光花园、以水产养殖为主的观光养殖场等。

2.民俗型乡村生态旅游业

民俗型乡村生态旅游业指让游客体验不同的人文景观，一般包括以下两种类型。其一，特色村寨。特色村寨是指具有独特风格的大规模民居建筑，如江南园林式宅院、华南骑楼、徽州村落，它们各自都有其特殊韵味，吸引着众多的游客前来游览。其二，民族村寨。我国最富有特色的民族村寨大多数分布在西南和西北的少数民族地区，这些地区不仅具有独特的自然环境、乡村住宅、特色农业和手工业产品，还具有与中原地区差异较大的节日庆典、服装配饰及饮食习惯等。

3.休闲型乡村生态旅游业

休闲型乡村生态旅游业是指在乡村景观中，将农业生产与休闲功能结合，并且可以提供居住生活、农事操作、休闲度假，或漫步休息、健身娱乐活动的广场式乡村生态旅游。休闲型乡村生态旅游作为一种特色农业与休闲旅游相结合的载体，根据设施、规模、功能和承载对象的不同，可分为庄园休闲型和庭院休闲型。庄园休闲型是指可供少则几户多则几十户人家短期或中长期的休养、创作、度假，或举家欢聚、喜度蜜月之用的园林化生活小区。庭院休闲型一般是为有经济条件的人群租购而建的固定财产，专供休闲度假或养老歇息。

二、乡村生态旅游业的资源开发

（一）乡村生态旅游业的资源调查

1.乡村生态旅游业资源调查的形式

（1）乡村生态旅游业资源的普查

乡村生态旅游业资源的普查是为合理开发利用和保护乡村生态旅游资源提供必要的科学依据，而对某一旅游资源开发区，或是远景规划区中的乡村生态旅游资源进行全面的调查，以此全面掌握当地旅游资源的状况。乡村生态旅游业资源的普查可以获得最为翔实的资料，但其开展通常需要有一定的支持条件，如人力、时间、资金等，而且其对乡村生态旅游业资源的调查多是表面的。

（2）乡村生态旅游业资源的概查

乡村生态旅游业资源的概查周期短、见效快，但信息不完整，因而容易在进行旅游资源评价时产生偏差。乡村生态旅游业资源的概查是为发现乡村生态旅游资源的问题而进行的概略性的初步调查，为更深入的调查奠定基础。通常来说，概查不必制定严密的调查方案，只需要运用一些简单的调查方法即可直接进行。

（3）乡村生态旅游业资源的详查

乡村生态旅游业资源的详查是带有研究目的或规划任务的调查，就是在对乡村生态旅游业资源普查结果进行筛选的基础上确定可作为开发对象的高质量旅游资源，进而对其进行更详尽和深入的实地考察。

（4）乡村生态旅游业资源的抽查

乡村生态旅游业资源的抽查的经济性、准确性和时效性都较高，适宜人力和财力有限、没有必要或不可能全面进行旅游资源调查的地区。乡村生态旅游业资源的抽查就是在明确调查对象和调查范围的基础上，抽选部分对象和范围作为样本进行调查研究，然后通过得出的结果对总体的结果进行推断。

2.乡村生态旅游业资源调查的内容

乡村生态旅游业资源调查的内容包括以下几个方面。其一，调查乡村生态旅游资源本身的状况，即调查乡村生态旅游资源的数量、级别、类型、结构、规模、密度、成因、地域组合、季节性等。其二，调查乡村生态旅游资源所在地的环境状况，即调查乡村生态旅游资源所在地的地质、地貌、水文、动植物、气象气候、行政归属与区划、人口与居民、位置、距离、可进入性经济、交通、通信、供水、食宿、医疗环卫、安全保卫、辐射和污染等。其三，调查乡村生态旅游资源的开发状况，即调查已开发的乡村生态旅游资源的开发程度、有潜在开发潜能的未开发旅游资源、旅游资源开发中出现的问题等。其四，调查乡村生态旅游资源的客源状况，即调查乡村生态旅游资源可能的客源市场、客源的层面范围和大致数量、产生客源的有利因素与不利因素、邻近的旅游资源对自身客源产生的消极或积极影响。其五，调查乡村生态旅游资源所在地的环境保护状况，即调查乡村生态旅游资源所在地的自然环境保护状况及人文环境保护状况。

3.乡村生态旅游业资源调查的重点

乡村生态旅游业资源调查的重点如下。其一，乡村生态旅游吸引物。要了解乡村生态旅游地的各类自然景观和人文景观，大致掌握哪些乡村生态旅游资源具有开发价值或具有适合发展的乡村生态旅游项目，能够成为乡村生态旅游吸引物，并初步确定其分布情况、规律及开发现状。其二，大城市和交通沿线及人口密集区。乡村生态旅游业资源调查是为乡村生态旅游业的发展服务的，只有开发后的乡村生态旅游资源更多地吸引游客，才有可能促进乡村生态旅游业的进一步发展。通常来说，远离大城市和交通沿线的乡村生态旅游业资源只有具备宏大的规模、鲜明的特色、较高的价值，才可能吸引一些有时间和精力、舍得消费的游客前往。而靠近大城市、交通沿线附近和人口密集的乡村地区，距客源近、交通便捷，因而潜在客源也较多。而且，这些地区乡村生态旅游资源只要有一定特色，也颇能吸引客源。其三，乡村生态旅游资源的承载力。任何乡村生态旅游资源都有一定的承载力，只要超过这个承载力，乡村生态旅游资源就会受到损害。因此，对乡村生态旅游资源承载力的调查也是一个不可忽视的重点。其四，重点的新景区。重点的新景区主要指的是具有显著的特色和较高的开发价值，相对远离大城市和交通沿线但具有一定开发难度的景观。通常来说，重点的新景区包括具有特色的大型景观、具有特殊功能的景观、适合科学考察的景观等。这些景观一旦具有了良好的配套设施，就可以被开发和利用。

4.乡村生态旅游业资源调查的程序

乡村生态旅游业资源调查的程序，具体来说分为以下几个阶段。

（1）调查准备阶段

乡村生态旅游业资源调查的准备阶段是整个旅游业资源调查的基础，直接决定着旅游业资源调查的成果。因此，在乡村生态旅游业资源调查的准备阶段应做好以下几个方面的工作。第一，制订调查计划。第二，成立调查工作小组。第三，收集整理基础性资料。第四，明确调查目的。第五，准备调查用的设备、物品等。

（2）实地调查阶段

乡村生态旅游业资源调查的实地调查阶段主要是在收集书面资料的基础上由调查人员运用实地踏勘、座谈访问、问卷调查等科学的调查方法获取乡村生态旅游资源的第一手详尽资料，为乡村生态旅游资源的开发利用做准备。

（3）数据整理阶段

乡村生态旅游业资源调查的数据整理阶段是在实地调查阶段结束以后，将收集到的第一手资料及一些间接资料进行系统地整理和分类，进而对乡村生态旅游资源的状况进行全面分析和评价，并将结果编写成资源调查报告。通过这一阶段的工作，就可以初步确定乡村生态旅游资源开发的方向和模式。

（二）乡村生态旅游业的资源评价

1. 乡村生态旅游业资源评价的原则

乡村生态旅游业资源评价需要遵循一定的原则，具体来说，这些原则主要包括以下六个方面。其一，高度概括原则。在对乡村生态旅游资源进行评价时，所涉及的内容是极其丰富的，为了使得出的评价结果简练、明确且有较高的可操作性，就需要高度概括出乡村生态旅游资源的特色、价值和功能。其二，客观实际原则。乡村生态旅游资源本身及其特点、功能、价值等都是客观存在的，因而，在对其进行评价时必须实事求是，与客观实际相符合，既不夸大也不缩小。其三，力求定量原则。对乡村生态旅游资源进行评价时，应尽量避免将强烈的个人主观色彩带入其中，尽可能通过一定的数据进行定量或半定量的评价。其四，系统全面原则。对乡村生态旅游资源进行评价时，要做到全面、系统地评价乡村生态旅游资源的价值、功能，同时要综合考虑乡村生态旅游资源所在地的自然、社会和经济环境，以及对其进行开发利用时的投资、客源、施工等因素。其五，动态发展原则。乡村生态旅游资源和社会条件是在不断发展变化的，这就要求乡村生态旅游业资源评价工作应该用进步的眼光来看待变化趋势，从而对乡村生态旅游业资源及其开发做出积极、全面的评价。其六，科学原则。对乡村生态旅游资源的属性、形成、本质及价值等核心的问题进行评价时，必须要秉承科学的态度，运用科学的知识对这些问题进行解释，切不可过多运用神话传说进行解释，更不可用封建迷信的思想进行解释。

2. 乡村生态旅游业资源评价的内容

乡村产业的生态化发展中，乡村生态旅游业资源评价的内容主要包括以下几个方面。

(1) 乡村生态旅游业的交通条件评价

方便、快捷的交通条件是乡村生态旅游业成功的关键。没有发达的交通条件，大量高质量的潜在客源就无法转化为现实的游客。所以，乡村生态旅游资源所处的地理位置和交通条件决定了乡村生态旅游业的"可进入性"，进而影响了乡村生态旅游业的市场状况。大部分有待开发的旅游资源所处的地理位置，可以依托周边的大中型城市完善的交通体系，开辟从旅游地到中心城市的旅游线路，这样既可以节省交通费用，又可以缩短旅行时间，有利于开拓旅游客源市场。

(2) 乡村生态旅游业的资源价值评价

乡村生态旅游业资源的价值评价主要从历史文化价值、艺术欣赏价值和科学考察价值三个方面来考虑。乡村的一些历史文化遗迹、遗址及保留下来的匾额、碑刻、楹联等具有较高的历史文化价值。艺术欣赏价值主要指客体景观的艺术特征、地位和意义，如高原、平原、盆地、山地和丘陵地貌景观，银杏、银杉等植物景观，江河、湖泊、瀑布、水库、泉水等水体景观。乡村生态旅游资源特别是现代科技农业，生态资源，历史遗迹、遗址等历史资源等都具有很大的科学考察价值。

(3) 乡村生态旅游业的资源质量评价

乡村生态旅游自然和人文资源具有互补性，资源要素的自然协调组合，往往能够提高新资源的质量价值。评价乡村生态旅游资源质量的重要标准包括乡村生态旅游资源是否具有吸引力、是否被游客认知、乡村生态旅游资源之间是否协调等问题。

(4) 乡村生态旅游业的资源效益评价

乡村生态旅游业的资源效益评价主要从经济效益、社会效益和环境效益三大角度出发。开发和利用乡村生态旅游资源会给当地带来新的经济增长点和经济效益，乡村居民作为乡村生态旅游业的直接参与者，森林、农田、果园、房舍、庭院会成为旅游用地或旅游设施，乡村居民本人就是直接获利群体，这就是乡村生态旅游资源的经济效益。乡村生态旅游资源的开发和利用要求有旅游规划和管理、城市建设等专业人员配备，这对当地居民和游客也能产生思想教育等方面的作用，具有一定的社会效益。乡村生态旅游资源是以原生性和乡土性为本质特征的,具有良好的环境效益,对其开发要以环境的生态性和资源的原生性为基础,要坚持保护性开发原则,保证乡村生态旅游业能够得到长足发展。

3.乡村生态旅游业资源评价的方法

乡村生态旅游业资源评价的方法很多,常用的方法主要包括以下两种。

(1)乡村生态旅游业资源的定量评价法

运用定量评价法对乡村生态旅游资源进行评价,可以使得到的结果更加直观和准确。定量评价法又称"技术性评价法",就是通过分析、统计、计算,用具体的数量表示旅游资源及其环境的等级。一般来说,定量评价法又可以分为两大类。

①多因子定量评价法

乡村生态旅游资源的多因子定量评价法就是考虑在多因子的基础上运用一些数学方法对乡村生态旅游资源进行综合评价。乡村生态旅游资源的多因子定量评价法又可以细分为层次分析法、综合评分法、指数表示法、旅游地综合评价模型法、模糊数学评价法等。

②单因子定量评价法

乡村生态旅游资源的单因子定量评价法就是在对乡村生态旅游资源进行评价时,依据需要集中对乡村生态旅游活动的质量起决定性作用的关键因素进行全面的评价,这种评价法一般只限于对自然旅游资源进行评价。

(2)乡村生态旅游业资源的定性评价法

乡村生态旅游业资源的定性评价法主要是凭借评价者的专业知识和经验,根据一定的评价体系,对乡村生态旅游业资源做出主观色彩较浓厚的结论性描述。乡村生态旅游业资源的定性评价法可以分为以下三类。

①"三四五"评价法

"三四五"评价法包括"三大效益""四大价值""五大开发条件"。"三大效益"即乡村生态旅游资源的社会、经济和环境效益;"四大价值"即乡村生态旅游资源的观赏、历史文化、科学和潜在价值;"五大开发条件"即乡村生态旅游资源所在地的地理位置与交通条件、乡村生态旅游资源所在地的经济与社会条件、乡村生态旅游资源的环境条件、乡村生态旅游资源的特质条件和乡村生态旅游资源的客源市场条件。

②"三三六"评价法

"三三六"评价法的内容是"三大价值""三大效益""六大开发条件"。"三大价值"即乡村生态旅游资源的艺术观赏、历史文化和科学考察价值;"三大效益"即乡村生态旅游资源的社会、经济和环境效益;"六大开发条件"即乡村生态旅游资源所在地的地理位置与交通条件,乡村生态旅游资源的客源市场条件、乡村生态旅游资源的地域组合条件、乡村生态旅游资源的环境容量条件、乡村生态旅游资源的投资条件和乡村生态旅游资源的施工条件。

③"六字七项标准"评价法

"六字七项标准"评价法中,"六字"即乡村生态旅游资源的美(美感)、古(历史悠久)、名(名声或与名人有关的事物)、奇(新奇)、特(特有稀缺)、用(应用价值);"七项标准"即乡村生态旅游资源所在地的季节性、污染状况、联系性、基础结构、可进入性、社会经济环境和客源市场。

三、乡村生态旅游业的形象构建

(一)乡村生态旅游业的形象设计

乡村生态旅游业形象设计基本程序一般包括前期的基础性研究和后期的显示性研究。乡村生态旅游业的经营者必须注重形象设计的内容,通过一系列有效的管理活动、社会活动和服务活动来塑造良好的乡村生态旅游形象。

1.乡村生态旅游形象的基础性设计

乡村生态旅游业形象设计前期的基础性研究是乡村生态旅游业形象设计的首要工作,内容包括地方性研究、受众调查和形象替代分析三个方面。

(1)地方性研究

乡村的地方性越独特,乡村生态旅游形象设计越容易挖掘其地方特色,并形成更为鲜明的乡村生态旅游形象为游客所接受和认知。地方性研究主要分为两个方面。

其一，地方性的研究内容。地方特性可称为"地格"，"地格"的形成既有先天的基础，也有后天的孕育。先天的基础就是当地的自然地理环境，而后天的孕育相当于人类的历史文化作用。"地格"包括自然地理特征、历史过程分析和民俗考察三个主要部分。一是自然地理特征。是乡村生态旅游形象设计的基础。一个地方是否在地理特性上具有与其他地方截然不同的特征或占有特殊地位，都有可能被开发为吸引游客的事物。二是历史过程分析。是对地方历史过程的考察分析，寻找区域内具有一定知名度和影响力的历史遗迹、历史人物、历史事件及古代文化背景，作为地方性的一个因素，有助于旅游形象在具体表现上的塑造。三是民俗考察。可以从当地的民族文化着手，对地方特色进行挖掘，尤其是少数民族地区，这些地区少数民族文化丰富，也是极富旅游吸引力、号召力的内容，是旅游形象设计中不可或缺的要素。

其二，地方性的研究方法。对乡村生态旅游资源做出客观、科学的评价，才能从中挖掘出有助于地区塑造乡村生态旅游形象的要素。地方性的研究方法主要有以下两种。一是体验性评价方法，二是定量性评价方法。体验性评价方法指基于评价者对评价客体的质量体验而做出的评价。定量性评价方法的评价对象主要是区域内现有的旅游景区、景点。

（2）受众调查

在发展乡村生态旅游业的过程中，进行受众调查时，一般包括以下内容。其一，旅游形象要素调查。旅游形象要素调查主要了解乡村生态旅游地在游客心中是怎样的形象、包括哪些内容、游客为什么会形成这样的印象等内容。其二，知名度和美誉度调查。知名度和美誉度是游客关于乡村生态旅游地印象的定量性评价指标。知名度是指真实和潜在游客对乡村生态旅游地识别、记忆的状况；美誉度则指真实和潜在的游客对乡村生态旅游地的褒奖、赞誉及喜爱情况。

（3）形象替代分析

形象替代分析也就是竞争者分析。乡村生态旅游形象设计一方面要对竞争者进行分析，充分了解竞争者在竞争中所处的位置及其优势与劣势；另一方面要使乡村生态旅游产品具有差异性，通过乡村生态旅游形象表现出乡村生态旅游地的特色。

2.乡村生态旅游形象的显示性设计

乡村生态旅游形象的基础性设计构成了乡村生态旅游形象设计的前提，随后进入乡村生态旅游形象设计的显示性研究，任务如下。

（1）乡村生态旅游形象的定位

乡村生态旅游形象的定位就是为将旅游形象深入传播到游客心中，并占据游客某一心灵位置而做的努力，以确立有利于自身发展的乡村生态旅游形象。随着乡村生态旅游业的迅猛发展，游客可选择的乡村生态旅游地日益增多，乡村生态旅游地之间的竞争也日益激烈，同时，乡村生态旅游业还面临着其他形式的娱乐活动的冲击。鉴于此，乡村生态旅游地必须重视乡村生态旅游形象的定位。具体的乡村生态旅游形象定位方法有以下三种。其一，领先定位。领先定位适用于特色鲜明、拥有独特性和垄断性强的乡村生态旅游地。其二，逆向定位。逆向定位强调并宣传的定位对象是旅游者心中第一位形象的对立面和相反面，同时开辟一个新的易于接受的心理形象阶梯。在人们日益感受到城市生活压力的今天，逆向定位方式尤其适合乡村生态旅游地，能打造出与城市特征截然相反的，以宁静、安逸为特点的田园形象。其三，重新定位。重新定位并非真正意义上的定位方法，而是由于乡村生态旅游地的衰落，而对其采取的再定位，以新形象替代陈旧的乡村生态旅游形象，以使其恢复在游客心目中的位置。

（2）乡村生态旅游形象的传播

乡村生态旅游形象如果不能有效地传播和推广，就不能实现乡村生态旅游形象设计的根本目标。因此，在设计出乡村生态旅游形象后必须考虑该形象如何传播和推广，只有被更多人认识的乡村生态旅游形象才是成功的旅游形象设计。乡村生态旅游形象的传播和推广方式主要有以下四种。其一，市场营销。市场营销策略通常是一种组合策略，即将各种具体的营销方式组合为一个整体进行市场营销。其二，媒体广告。广告是旅游地对乡村生态旅游形象进行宣传时应用最广泛的一个工具，广告用产品的形象代替产品本身信息的传播，比起实物商品更具有形象购买和形象消费的特征。其三，网络传播。网络能够广泛且快捷地使旅游目的地与客源地之间建立起连接和沟通,人们很容易地从网络上了解到旅游地信息,于是,网络成为联系旅游供求双方一个重要的信息桥梁。其四,公共关系。公共活动主要是指旅游地通过各种方法和手段,协调与公众的关系,并通过双向的信息交流,使旅游地在公众心目中树立良好的形象,以达到乡村生态旅游形象的传播目的,提高旅游地的知名度、美誉度。

(3) 乡村生态旅游形象的调整

乡村生态旅游形象设计完成后,在其传播过程中,可能出现各种问题,应将乡村生态旅游形象的设计和传播放回到旅游本身,检验乡村生态旅游形象及其传播是否切实、有效,并根据具体情况做出适当的调整。旅游地的发展具有一定的周期性,因此,乡村生态旅游形象也并非一成不变的,应适时对其做出调整和更新。

(二) 乡村生态旅游业的形象传播

1. 乡村生态旅游业形象传播的内容

乡村生态旅游形象的传播是双向的,传播的同时还存在信息的反馈,从而产生一种互动感应、双向沟通的传播环境。乡村生态旅游形象传播是多维的,既包括内部员工,也包括外部公众;既包括上游的供应商,也包括下游的消费者,同时还包括社区与当地政府。

(1) 旅游地员工与旅游形象传播

旅游地员工包括全体工作人员和管理人员,是乡村生态旅游社会使命和经营理念的贯彻执行者,全体成员的自身形象及和谐团结是乡村生态旅游形象的第一要素。对员工进行乡村生态旅游形象宣传,必须同时考虑到员工在物质和精神两方面的需要。员工物质方面的需要包括工资、奖金、福利待遇、工作环境,合理满足员工的物质需要是建立良好的员工关系的基础,如果忽略员工合理的物质需要,就会打击员工的工作热情。此外,特别要强调工作环境,因为许多旅游经营组织为员工提供的工作环境就是接待客人的环境。良好的环境不仅会让游客觉得舒适、放松,也会减轻员工工作中的疲劳感,确保员工的身体健康与安全,提高员工的工作效率。精神方面的需要包括员工的自我价值与自我表现,即责任心、自尊心、荣誉感、上进心在工作中得以表现。对员工进行乡村生态旅游形象传播，要营造良好的人际关系氛围，良好的人际关系是旅游组织得以存在、发展的关键性要素之一，它可以使整个旅游组织成为血脉畅通的有机体，充满活力；要拓宽员工共识的领域，员工相互之间在语言、知识、实践经验、价值观念等方面所拥有的共同成分越多，就越容易理解、沟通，旅游形象的传播效率就越高。可以通过培训提高员工的素质和能力，拓宽员工与员工、员工与管理者之间的共识领域。具体而言，乡村生态旅游经营组织对员工进行形象传播，需要做大量踏实细致的工作，主要有以下三点。

其一，分享信息以缩短心理距离。要在员工心目中塑造良好的乡村生态旅游形象，最主要的是要缩短组织与员工的心理距离，改变一部分员工漠不关心的局外人态度，简单而有效的做法便是信息分享。乡村生态旅游经营组织可以通过设置公告板、制作黑板报等形式，公布即时信息，介绍最新的市场动态，宣传最近举办的活动及获得的荣誉，发布生产、经营、技术、财务等方面的动态，介绍优秀员工事迹，向过生日的员工致以祝福等。这种信息分享是引导员工关心组织的基础，不仅能够引发员工对组织的关心，增进对组织的了解，还能够增强管理层与员工的凝聚力，员工就会自觉参与到组织的各类活动中来，并且注意完善集体的形象及自身的形象。

其二，员工参与决策以实现心理换位。让员工参与决策能使员工对组织产生认同感。参与程度越深，员工与组织的联系就越紧密，员工就越把组织的事当作自己的事，也就越容易向员工传播乡村生态旅游形象。当一个长期受命执行计划的员工有机会对经营方案提出自己的意见时，其重要意义并不仅仅在他们所提出的意见本身的建设性，更为重要的是这种参与过程在他们心理上生成一个新的思考角度：一改原来置身于组织之外的立场，不是冷眼旁观地来评论组织的问题，而是站在组织决策者的立场上，从组织的利益出发来看待这些问题。

其三，普及生态旅游教育以打破乡村生态旅游形象传播的障碍。乡村生态旅游经营组织上上下下思想一致、认识一致、步调一致，是克服乡村生态旅游形象传播思想障碍、认知障碍的最有效途径。普及生态旅游教育不是一朝一夕之功，而是一项长期的根本性的"软件"基本建设，必须自始至终抓下去，并且渗透到每一件小事中。教育的对象上至旅游经营组织的最高主管，下至勤杂工人等所有员工，要做到使组织的理念、经营方针等人人知晓。对于不同的员工，要进行各种不同类型的教育培训，保证每个员工都能跟上时代前进的步伐。

（2）旅游消费者与旅游形象的传播

市场经济下，乡村生态旅游要直接面对市场、面对旅游消费者，因此旅游消费者的重要性不言而喻。旅游消费者是乡村生态旅游面对的最主要受众，能否赢得旅游消费者是乡村生态旅游能否获得成功的关键。影响旅游消费者购买行为的因素是多方面的，但有一点是肯定的，即旅游消费者的购买行为与乡村生态旅游形象有直接的关系。向乡村生态旅游消费者传播旅游形象，要重视以下环节。

其一，树立正确的经营思想。乡村生态旅游经营者必须认识到，乡村生态旅游正在从卖方市场向买方市场转化，正确的经营思想已经成为市场竞争中吸引旅游消费者的唯一法宝。

其二，扩展旅游形象差别化。乡村生态旅游市场已经成为一个竞争激烈的市场，这种情况下，要树立乡村生态旅游地的独特形象，就要扩大形象的差别化。

其三，主动了解消费者需求。现在乡村生态旅游消费者的个性化消费倾向越来越明显，不同年龄、学识水平、收入状况的旅游消费者的需求是不同的，如果经营者不了解这种差异，那么在旅游消费者中树立良好的旅游形象就成为空谈。经营者要摆正与旅游消费者的关系，一切生产经营活动都应为了满足旅游消费者的需要。经营者要特别注重发掘旅游消费者的需要，发现为他们服务的机会，及时改进产品和服务。

其四，认真处理旅游消费者意见。任何乡村生态旅游经营组织提供的产品和服务不可能令所有旅游消费者百分之百满意，出现投诉、提意见的情况在所难免。要把认真处理消费者的意见当作经营活动的一件要事、大事，把妥善处理顾客的抱怨作为提高乡村生态旅游形象的重要机会。要把来自旅游消费者的意见从被动的负面信息转换成积极的正面信息，关键在于把旅游消费者提意见的行为视作是一种关心，这些意见诉求正是他们的消费需求。

（3）政府部门与旅游形象传播

旅游地与政府部门存在多种形式的联系，政府部门是乡村生态旅游经营组织重要的外部公众之一。政府部门作为比较特殊的外部公众，主要因为它是综合协调、宏观调节经营行为的权力机构。从政府部门的立场来看，受欢迎的乡村生态旅游形象至少要符合以下的要求。一是遵纪守法。乡村生态旅游经营组织必须严格遵守法律，以及法令、条例、政策所限定的行为准则。如果经营者置国家法律法规于不顾，违法违规，如偷税漏税、违章作业、销售假冒产品、行贿受贿等，就无法得到政府部门的信任，难以在公众心目中树立起良好形象。二是从宏观上说。乡村生态旅游经营组织的利益与国家利益是一致的，但是两者之间在具体问题上的矛盾在所难免，当经营者的自身利益与国家利益冲突时，应坚持以国家利益为重，从大局出发，服从于社会经济环境的协调和谐，把自身的经济利益和社会责任统一起来。三是良好的经济利益。国家收入的主要来源是税收，国家依靠税收来发展建设、提高人民群众生活水平，有良好经济效益的乡村生态旅游经营组织自然更受政府的欢迎。

乡村生态旅游地是否符合政府各级各类部门的要求，某种程度上关系到乡村生态旅游地的命运。面向政府传播乡村生态旅游形象，主要形式有以下几种。其一，主动接受监督检查。向政府部门提供的信息必须实事求是。一方面要不断增强自身经济效益，另一方面要按时足额缴纳税款。一旦出现问题，要勇于承担责任。其二，通过间接渠道影响政府态度。如为社会服务和提供赞助，或与新闻界保持密切联络，以及通过媒介向政府部门介绍相关情况和活动。其三，增加直接交往。如借开业之际盛情邀请政府有关部门负责人参加，请他们剪彩、致贺词，积极邀请政府有关人员对经营过程进行指导、督促和帮助，展示经营者的良好形象，相互增进了解。

（4）社区公众与旅游形象传播

乡村生态旅游组织的生产经营活动可能对社区公众有消极影响，如对当地环境产生不良影响，打扰当地居民原有的生活规律和生活习俗。乡村生态旅游经营者要特别重视维护和社区的关系，加强和社区居民之间的相互交流，在社区居民中建立良好的形象。要在社区中传播良好乡村生态旅游形象，必须确定"与社区共存"的理念，并长期地、切实地践行。在社区居民中传播乡村生态旅游形象的方法有以下四种。其一，建立社区关系战略。双方建立共同体关系是一种谋求更好的社区关系的宣传活动，如将社区居民作为员工的一部分，招聘员工时优先录用社区居民，优先购买当地商店的物品，将部分设施与当地居民共享。其二，为社区作贡献。乡村生态旅游经营组织还可参与贴近社区居民日常生活、为社区作贡献的活动，如向学校和图书馆赠送图书、教学用品，参与绿化等村容村貌建设，支持员工的志愿行动等。其三，参与社区活动。乡村生态旅游经营组织通过这类活动，将一部分利润用以回报社会。一些大型的、有一定知名度的活动，还可以引起大众传媒的报道，获得更多人的关注，如主办或参与音乐会、美术展览会等文化活动，风俗节日等传统活动，有奖竞猜、知识竞赛等教育活动，志愿行动、环境保护、绿化活动等公益活动。其四，利用当地传媒传播形象。地方媒体的受众多数是当地人，利用当地传媒在当地社区居民中传播信息十分有效。

2. 乡村生态旅游业形象传播的策略

（1）符号传播

乡村生态旅游形象需要通过一定的符号加以传播。因此，要设计出有新意的乡村生态旅游形象标志，在形象标志上要鲜明、简洁，需要按照主题形象策划方案加以形象化地提炼创意。

（2）口碑传播

社交媒体为人际传播提供了良好的平台。因此，乡村生态旅游形象传播可以借助社会化媒体提高影响力，在借助社会化媒体进行乡村生态旅游形象传播的过程中，需要重视意见领袖的作用。另外，积极主动地建立自媒体、进行积极的乡村生态旅游形象传播有利于引导舆论，同时也能为受众提供互动和交流的平台，要及时地关注旅游消费者的信息反馈及建议，改进服务与设施，营造良好的乡村生态旅游形象。

（3）节事传播

节事即指有较强影响力的大型活动，包括国际会议或展览会、重要体育赛事、旅游节事及其他能产生轰动效应的活动。节事传播其实是乡村生态旅游目的地吸引受众眼球的一种传播方式，可以在短时期内促使事件发生地的口碑获得"爆发性"的提升。

（4）整合营销

单一的传播方式不足以形成良好的传播效果。以电视、广播、报纸、杂志为主流的大众传播媒体给受众树立了更为可信的传播者形象，因此，乡村生态旅游目的地在进行形象传播的过程中可以充分利用传统媒体。然而，传统媒体的传播形式与覆盖面在网络的冲击下受到一定的影响。社会化媒体的出现降低了传播成本，乡村生态旅游地可以利用社会化媒体形成乡村生态旅游地 — 传统媒体 — 旅游消费者三者互动的平台，实施整合营销传播。

四、乡村生态旅游业的管理经营

（一）乡村生态旅游业的管理手段

乡村生态旅游业的管理手段主要有以下六种。其一，行政管理。乡村生态旅游地要建立县（区）、旅游主管部门、乡镇、村四级行政管理体系。成立乡村专门管理机构和民间乡村生态旅游协会，具体负责业务指导、宣传促销、会员培训、活动安排、结算工作和受理游客投诉等。其二，法律法规管理。乡村生态旅游地要遵守法律法规，规范乡村生态旅游，做到有法可依、有章可循，促进乡村生态旅游业的有序竞争，确保游客的合法权益和乡村居民的基本利益不受侵犯，使乡村生态旅游的发展步入法治化、规范化的轨道。其三，标准化管理。乡村生态旅游地要按照政府制定的相应旅游标准体系，通过企业自律、行业监督，严格执行标准，使乡村生态旅游具备为游客提供标准化旅游产品的能力。其四，相关认证管理。乡村生态旅游地要逐步建立乡村生态旅游服务质量认证体系、乡村生态旅游服务资格认证体系、乡村生态旅游服务等级认证体系、乡村生态旅游卫生认证体系、乡村生态旅游安全认证体系、乡村生态旅游生态环境认证体系等。其五，村规民约管理。由乡村生态旅游领导小组牵头，征求村民的集体意见，制定与旅游业发展相关的村规民约，并将其变为村民的自觉行动，以提高村民的整体素质。其六，社会监督管理。乡村生态旅游地要对旅游消费者满意度和乡村生态旅游经营者及其产品做调查，通过大众媒体公布调查结果，利用社会舆论加强评价监督等。

（二）乡村生态旅游业的经营手段

乡村生态旅游业的经营手段主要有以下三种。其一，自主经营。自主经营是目前开展乡村生态旅游最常见的方式，也就是经营者自己投资自己经营。采用该种方式可以获得长期稳定的经济效益。但是，经营中的风险也是不可避免的。其二，合约经营。合约经营是两个或两个以上经营者联合起来共同经营。采用该方式可以避免大的投资风险，同时还可以根据乡村生态旅游市场的变化情况不断地扩大规模，形成规模效益。其三，租赁经营。租赁经营是把土地、建筑物及家具等租赁给有经验的人或专门的企业经营。采取租赁经营可以在较少的投资情况下获取稳定的收入。在以上基本方式的基础上还可以采取多种创新经营形式吸引消费者，在保持乡村生态旅游特色的同时形成独特的经营形式。例如，透明式经营是将各类原料及农家菜菜品在前厅明档陈列，实行展示性经营，各类菜品价格及制作方法全部标写清楚，顾客在餐厅自选菜品时，菜肴看得见、价格透明、吃得放心，这样的就餐形式备受消费者欢迎。也可以开展与乡村生态旅游有关的比赛项目，如钓鱼比赛、田园赛诗、摘茶叶比赛等，保证回头客的存续。在农家特色餐饮服务上，可按季节和节日策划一些特色活动，根据季节及顾客的消费心理有计划地推出特色的农家菜美食周。

参考文献

[1] 程慧栋，叶闽慎，马德富. 区域乡村旅游产业发展与治理 [M]. 北京：当代中国出版社，2019.

[2] 程艳. 和谐共生：西部农村生态文明建设必由之路 [M]. 北京：新华出版社，2021.

[3] 党伟，李凯歌，郭盼盼. 美丽乡村建设视角下的乡村景观设计探究 [M]. 昆明：云南美术出版社，2020.

[4] 冯贵宗. 生态经济理论与实践 [M]. 北京：中国农业大学出版社，2010.

[5] 黄磊，黄羽. 农村地区工业污染防治 [M]. 武汉：长江出版社，2021.

[6] 黄志光，刘洪波. 农村厕所革命实践与指导 [M]. 北京：中国建材工业出版社，2021.

[7] 兰州大学县域经济发展研究院，兰州大学乡村振兴战略研究院课题组. 乡村振兴的理论、政策与实践 [M]. 兰州：兰州大学出版社，2020.

[8] 李根东. 农村人居环境整治 [M]. 北京：中国环境出版集团，2022.

[9] 李娟，杨朔. 乡村振兴与生态文明融合：逻辑、价值和路径 [J]. 治理现代化研究，2021（1）：90-96.

[10] 李莉. 乡村景观规划与生态设计研究 [M]. 北京：中国农业出版社，2021.

[11] 李士青，张祥永，于鲸．生态视角下景观规划设计研究［M］．青岛：中国海洋大学出版社，2018．

[12] 李玉新．农村生态文明建设与乡村旅游发展的协同研究［M］．北京：中国旅游出版社，2016．

[13] 梁吉义．绿色低碳循环农业［M］．北京：中国环境出版社，2016．

[14] 刘祥．乡村振兴实施路径与实践［M］．北京：中国经济出版社，2022．

[15] 吕文林．中国农村生态文明建设研究［M］．武汉：华中科技大学出版社，2021．

[16] 马亮．乡村旅游产业创新实践与案例分析［M］．北京：中国农业出版社，2019．

[17] 蒲实，袁威．乡村振兴战略导读［M］．北京：国家行政管理出版社，2021．

[18] 钱振澜．韶山试验：乡村人居环境有机更新方法与实践［M］．南京：东南大学出版社，2017．

[19] 桑乐涵．乡村振兴背景下农村生态文明建设的时代价值［J］．环境工程，2022（9）：340．

[20] 宋艳．乡村振兴中生态文明建设的重要性及路径探索［J］．环境工程，2022（9）：326-327．

[21] 孙力．西部地区生态文明建设理论与实践［M］．银川：宁夏人民出版社，2013．

[22] 唐珂，宇振荣，方放．美丽乡村建设方法和技术［M］．北京：中国环境出版社，2014．

[23] 汪莉霞．乡村旅游开发与产业化发展探究［M］．北京：中国农业出版社，2020．

[24] 王春平，张建伟，蒋先文．农村人居环境整治［M］．北京：中国农业科学技术出版社，2021．

[25] 吴洪凯，许静．生态农业与美丽乡村建设［M］．北京：中国农业科学技术出版社，2015．

[26] 吴欣，崔鹏．城郊型美丽乡村人居环境整治规划研究［M］．北京：科学出版社，2020．

[27] 严耕，杨志华．生态文明的理论与系统建构[M]．北京：中央编译出版社，2009．

[28] 杨国，李秀枝，侯洁．生态农业与美丽乡村创建[M]．北京：中国农业科学技术出版社，2015．

[29] 杨景胜，王鲁峰，叶树澎，等．城镇微更新与乡村振兴的探索与实践[M]．北京：中国城市出版社，2020．

[30] 余谋昌．环境哲学：生态文明的理论基础[M]．北京：中国环境科学出版社，2010．

[31] 余维祥．生态文明理论与实践研究[M]．武汉：湖北人民出版社，2019．

[32] 宇振荣，郑渝，张晓彤，等．乡村生态景观建设：理论和方法[M]．北京：中国林业出版社，2011．

[33] 张二勋，李春平．文明乡村·生态家园：乡村生态文明建设通俗读本[M]．济南：山东人民出版社，2014．

[34] 张福锁，申建波，朱齐超．中国农业绿色发展理论与实践[M]．北京：中国农业大学出版社，2022．

[35] 张鸽娟．乡村环境设计理论与方法[M]．北京：中国建筑工业出版社，2021．

[36] 张霞，王爱忠，张宏博．生态经济视阈下的乡村旅游开发与管理研究[M]．成都：电子科技大学出版社，2018．

[37] 赵政．乡村振兴战略研究[M]．西安：西北工业大学出版社，2021．

[38] 周玲强，等．乡村旅游产业组织研究[M]．北京：科学出版社，2013．

[39] 朱再，苏占军，康占海．生态农业与美丽乡村建设[M]．北京：中国林业出版社，2016．

[40] 马华，马池春．乡村振兴战略的逻辑体系及其时代意义[J]．国家治理，2018．

[41] 袁媛．城市经济联系与互动研究[D]．成都：四川大学，2003．

[42] 鄢洪斌，袁媛．城乡经济联系与互动理论及其启示[J]．西南民族大学学报（人文社科版），2004．

[43] 马宇峰．论马克思主义生态思想及其当代价值与现实意义[J]．黑龙江

189

史志，2011.

[44] 余维祥．马克思主义生态思想的当代价值[J]．学术论坛，2015.

[45] 张渝政．马克思主义生态文明与构建社会主义和谐社会[J]．西南大学学报（人文社会科学版），2007.

[46] 王瑜．宁夏城乡经济一体化发展研究[D]．银川：宁夏大学，2005.

[47] 陈文珍．马克思人与自然关系理论的多维审视[D]．长沙：湖南师范大学，2012.

[48] 曾德贤．马克思恩格斯三大解放思想研究[D]．苏州：苏州大学，2014.

[49] 吴苑华．生存生态学：马克思生态学的"原码"思想[J]．当代国外马克思主义评论，2008.

[50] 安虎森，郭莹莹．国外乡村振兴理论及其对我国的启示[J]，开发研究，2019.

[51] 余维祥．马克思主义生态思想的三重维度及其意义[J]．学术论坛，2011.

[52] 徐海红，生态劳动视域中的生态文明[D]．南京：南京师范大学，2011.

[53] 季芳．实践美学的生态维度研究[D]．武汉：华中师范大学，2006.

[54] 张迎春．统筹城乡发展与完善农村金融体系研究[D]．成都：西南财经大学，2004.

[55] 刘喜波，张雯侯，立白．现代农业发展的理论体系综述[J]．生态经济，2011.

[56] 封丹．开好局、起好步乡村振兴第一个五年战略规划出台[J]．科技智囊，2018.

[57] 刘喜波．区域现代农业发展规划研究[D]．沈阳：沈阳农业大学，2011.

[58] 李代明．地方政府生态治理绩效考评机制创新研究[D]．湘潭：湘潭大学，2018.

[59] 庞庆明，程恩富．论中国特色社会主义生态制度的特征与体系[J]．管理学刊，2016.

[60] 卓治国．生态文明建设视阈下乡村生态补偿的应然价值、实然困境与必然路径［J］．黑龙江工业学院学报（综合版），2021．

[61] 蒙洁．推动绿色发展迈出新步伐［J］．当代广西，2022．

[62] 钱振澜．"韶山试验"：乡村人居环境有机更新方法与实践［D］．杭州：浙江大学，2015．

[63] 金鹏洁．永嘉县农村生活垃圾治理效果研究［D］．长沙：湖南农业大学，2021．

[64] 王春鹏．浅谈如何加强农村污染防治推进美丽乡村建设［J］．农民致富之友，2018．

[65] 张卫．打造清洁村庄助力乡村振兴［J］．中国食品，2019．

[66] 巫丽俊，王丹丹，钟树明，等．农村生活垃圾常用处理技术及其发展趋势［J］．安徽农业科学，2013．

[67] 曹群，佘佳荣．农村污水处理技术综述［J］．环境科学与管理，2009．

[68] 胡春芳，闵文江．农村生活垃圾处理方式调查［J］．河北农业科学，2010．

[69] 梁祝，倪晋仁．农村生活污水处理技术与政策选择［J］．中国地质大学学报（社会科学版），2007．

[70] 任婧文．农村生活污水处理设施综合技术应用研究［D］．广州：华南理工大学，2012．

[71] 管冬兴，彭剑飞，邱诚，等．我国农村生活垃圾处理技术探讨［J］．资源开发与市场，2009．

[72] 吴新忠，纪向东，张翠英，等．我国农村污水处理技术应用现状［J］．绿色科技，2015．

[73] 西鹏．农村污水处理模式的探讨［J］．华章，2009．

[74] 王云才，刘滨谊．论中国乡村景观及乡村景观规划［J］．中国园林，2003．

[75] 吴雷．大西安城郊乡村发展模式与景观规划方法研究［D］．西安：西安建筑科技大学，2016．

[76] 侯芳．乡村景观规划设计初探［D］．北京：北京林业大学，2008．

[77] 李金苹，张玉钧，刘克锋，等．中国乡村景观规划的思考［J］．北京农

学院学报，2007.

[78] 姚晶晶. 2020 生态理念在乡村景观设计中的应用 [D]. 南京：南京师范大学，2021.

[79] 张贵鑫，明亮，付军，等. 不同功能区域乡村河道岸线植物景观设计研究程永婷 [J]. 北京农学院学报，2011.

[80] 梁吉义. 利用农作物秸和开发食用菌产业发展生态循环农业 [J]. 科学种养，2021.

[81] 马俊杰. 工业园生态化建设方法与应用研究 [D]. 西安：西安建筑科技大学，2007.

[82] 冯久田. 基于循环经济的生态工业理论研究与实证分析 [D]. 武汉：武汉理工大学，2005.

[83] 王干，万志前，钟书华. 我国生态工业园区的法律制度保障 [J]. 科技与法律，2003.

[84] 谢花林，刘黎明，李蕾. 开发乡村生态旅游探析 [J]. 生态经济，2002.

[85] 李良栋. 新农村生态旅游规划探析 [J]. 大众科技，2011.

[86] 俞芬，千怀遂，段海来. 乡村生态旅游规划探讨 [J]. 现代商贸工业，2008.

[87] 易金. 乡村旅游资源评价与产品开发研究 [D]. 山东大学，2007.

[88] 涂铭. 旅游形象设计的理论与方法研究 [D]. 昆明：云南师范大学，2007.

[89] 梁海燕. 城市旅游形象的策划 [D]. 福州：福建师范大学，2003.

[90] 卢绍香，殷红梅. 乡村旅游地的旅游形象定位策划 [J]. 太原师范学院学报（自然科学版），2006.